著

五感體驗異鄉食,
藏於飲饌踏查裡的思與念

HONG KONG
FIVE SENSES OF A CULINARY STORYTELLER

CONTENTS

目錄

PROLOGUE
序言

關於香港：語言、法規與在地飲食

香港的中文雙層語言以及中英雙語　　　　　　011
淺談香港食品牌照　　　　　　　　　　　　　018
港台美食裡的多元融合　　　　　　　　　　　021
你是美食愛好者？饕客？評論家？鑑賞家？　025

CHAPTER 1

嗅覺・速度與效率

嗱喳麵、車仔麵，食神電影裡的雜碎麵　　　　031
基層恩物：兩餸飯與三餸飯的香港家常滋味　　038
碗裡的雲：藏於麵底的港式雲吞　　　　　　　048
煎麵的多重宇宙：　　　　　　　　　　　　　058
港式肉絲炒麵、潮州糖醋麵及台式麵線煎
講究牛肉部位的香港清湯腩　　　　　　　　　065
香港街頭小吃　　　　　　　　　　　　　　　073
乾炒牛河與濕炒牛河　　　　　　　　　　　　084
茶餐廳不是飲茶吃點心的場所，　　　　　　　095
那麼在茶餐廳吃什麼？
日本有和風洋食，香港有豉油西餐　　　　　　105
港式麵包糕餅及西點　　　　　　　　　　　　116

CHAPTER 2

味覺・風味與調味品

琳瑯滿目的香港粉麵　　　　　　　　　　　　127
香港豆腐與豆製品　　　　　　　　　　　　　141
香港餐桌上的各種辣醬　　　　　　　　　　　146

香港飲食裡的海味：發酵海鮮醬	150
香港飲食裡的海味：海鮮乾貨	156
酸酸的美味：風味醋	162
東西皆通的豉油魅力：香港特色醬油	166
其他調味品與醬料	169
醬菜與醃漬菜	176

CHAPTER 3　觸覺・口感與質地

滑與燶：滑嫩與乾柴	187
茶餐廳裡的滑嫩炒蛋	199
脆與煙韌：軟嫩及嚼勁	210
綿：綿密的廣東粥	221
爽與脆：咀嚼的爽快感	232
潤：滋潤身體的湯水	242

CHAPTER 4　視與聽・飲食與交流

飲茶不在茶餐廳：因為要慢慢「歎」	251
除了燒賣還能解鎖哪些點心？	267
燒味～今晚斬料	281
叉燒與燒肉之外，不可錯過的香港燒味	289
貼地的熱鬧飲食：香港大牌（排）檔	303
打邊爐：香港吃火鍋的講究之處	310
香港上海菜：上海麵館與上海餐廳	328
香港的潮州飲食店	341
聽日紅日？香港節慶與飲食	354

附錄：台港英飲食名稱對照	368

PREFACE

五感尋味異鄉食，台灣胃看香港餐桌

年少時離家獨立的動機單純，只是想在公司不遠處租屋，以便得到更多的時間餘裕及多睡半小時的舒服，後來不知怎麼地越走越遠，開始到異地出差，再發展到他鄉長居。在異地生活，過得還算安樂平和，但不表示我擁有精湛的適應力，而是自知對於陌生文化尚有未知之處，填滿這些未知的陌生，能降低文化衝擊帶來的摩擦與不適，由生轉熟便是拓展舒適圈的過程。

沒有腳的鳥，降落之後呢？

離家多年已在不同地方成為異鄉人、外來者、過客。見過形形色色及人情冷暖，也結識不少真心誠意的朋友。每次告別，我總瀟灑地說「謝謝關照，江湖再見。」收過各種離別祝福，最難忘的一句話是「願你有天能成為有腳的鳥[註]」。

剛來香港時，實際停留的時間不多，三不五時回台灣或因工作出差。直至 2020 年全球突如其來的黑天鵝事件，才被迫停下腳步。這一停，竟然久得超乎想像，久到封關期間來不及與登出人生的家父告別；久到讓我開始想認真了解香港，開啟人生新篇章。

過好當下，未來取決於每個此時此刻。

Preface 作者序

> 註：來自於《阿飛正傳》裡的電影台詞「世界上有一種鳥沒有腳，生下來就不停的飛，飛的累了就睡在風裡，一輩子只著陸一次，那便是死亡的時候。」

入境隨俗，要像喝過孟婆湯一樣換個腦袋

旅遊和出差有別，出差和長居更是截然不同。出差常喝的是名為人走卽涼的濃茶，他鄉長居則像端著一碗名叫文化衝擊的熱湯。

在異地生活的新奇感大約一年就沒了，但陌生感卻能維持很多年，旅遊和定居生活的最大不同在於：「旅行只看得見美好，生活則要有決心適應及尊重當地的生活與文化的能力」在面對現實生活日日柴米油鹽的同時，得要接住異地生活不時往腦門射上一記殺球，若能在文化轉換時游刃有餘，便能在接球時回以一記漂亮的好球。

回顧過去曾遇過的挫折事件，大都圍繞著同一個核心問題：「文化差異」。以飲食的差異為例：起初自己固執地用台式飲食邏輯煲湯，煲了千百回卻總也煲不出合格的港式湯水，直到懂了文化差異，換了腦袋，以足夠的時間和火侯，把食材味道都煲入湯裡，不想著品嚐湯渣（湯料），便能成功煲出火候及味道皆合格的港式湯水。

台灣人說的「入境隨俗」，在香港則說「入鄉隨俗」，確實是能幫助自己加速適應與減緩挫折感的最佳方法，但「理解」需先放下自我框架，實行不易，畢竟從小養成的認知與習慣，不是說放下就能放下。

然而，「放下」並非摒棄自身原有的文化背景，只是暫時解開慣性思維，為大腦騰出空間理解全新事物，也藉此感受到自己原有文化習慣的珍貴之處。多了理解，讓人挫折的文化衝擊自然慢慢減少，難怪故事裡的人們要投胎過新生活之前，都得喝孟婆湯。

文化衝擊磨出的跨文化適應力

跨文化適應力的養成，除了韓國短居與中國出差，更關鍵的是幾年前在美國一家影視製作公司工作的經歷。當時，公司旗下體育品牌：武林傳奇（Legend Fighting Championship）在中國不同地方舉辦MMA綜合格鬥賽。我與來自世界各國的同事一同出差，採訪、拍攝運動員並製作節目，在不同城市短居，共同籌備賽事活動。

在多元文化的環境中，最易察覺的差異是飲食、思維與溝通方式。美國與中國各地同事飲食喜好各異，團隊中還有印度裔英國人、南美裔美國人、非裔美籍的馬來西亞華僑，以及能說標準華語的加拿大白人。光憑外貌無法判斷文化背景，因此更需留意習慣有別，以免產生摩擦。就連美國同事也有地域差異，例如加州人的隨性遇上紐約人的急躁，便會出現不耐煩的「嘖」，類似這般快慢的對比，像極了台灣的從容與香港的急速。

Preface 作者序

你適應了沒？如果感覺像被困住了，勇敢跨出去吧！

剛到香港時，我一句廣東話也不懂，連去髮廊都擔心溝通困難。有一日，我在媒體上看到旅居香港的台灣髮型師受訪，便請交友廣闊的大師兄 Arthur 引薦。那天，說著流利廣東話的小兄弟 Jair 一邊拯救我的頭髮，一邊分享他在香港適應生活的心得：

「所有在異地的挫折感，大多都是適應不良，我的方法是認真學習當地語言、和當地人當朋友、吃當地食物、進入本地體制工作，以理解當地民情。」

我希望自己也能像那位小兄弟一樣，接起那顆初赴港時接不住的文化殺球，便牙一咬地跳出舒適圈，時至近年，我才解開舒適圈的封印，回到同鄉群體。在香港遇到一些同鄉，有人適應良好，有人仍在摸索文化差異。同為異鄉人的我，自然同理那些挫折，除了給予安慰言語外，更希望自己能實際做些什麼，例如將飲食化為溝通橋樑，帶著大家探索港台兩地文化的相似與相異，有方法地適應異地文化摩擦。

真誠希望這本書裡分享的一切，能讓對於港台文化有興趣的讀者，更輕鬆愉快地理解兩地差異，更希望同為異鄉人的你我，透過書中圖文搓手取暖，感受生活經驗的共鳴。

加油，我也仍在努力喔。

本書作者　包周 Bow.Chou

PROLOGUE

序言

關於香港：語言、法規與在地飲食

一路食 一路講

「邊吃邊說」

香港使用繁體中文字，語言則以廣東話為主，並分為口語與書面語。因為匯聚多元文化，香港人在日常對話中，習慣性地混用大量外來語，形成了獨特的語言特色。從廣東話描述食物的詞彙，例如滑、腍、噠等，以及烹調相關用語上，得以窺見本地人對食物口感的偏好與料理風格。此外，在日常飲食的部分，香港的食品牌照制度相當嚴謹，得按牌照規範可烹調項目之外，特定食品製作也需申請對應牌照。接下來，讓我們一同從飲食語言和制度的細節，細細探索這座城市的面貌。

香港的中文雙層語言
以及中英雙語

　　正式在香港生活前，我曾自信地以為，生活中不會有語言或文化的適應問題，然而卻不是這樣。雖然香港使用中文繁體字，但使用的中文是雙層語言（Diglossia），意即「書面語」與「口語白話」共存。而英文的部分，則在正式場合與中文以雙語（Bilingual）方式共同呈現，日常生活中，人們也習慣在對話裡穿插英文單詞及其他外來語，形成本地特有的對話特色。

日常生活的溝通：廣東話口語及書面語

　　在書寫使用上，例如新聞、文章、歌詞、影視或電影字幕等，廣東話書面語、台灣慣用的國語及中國大陸標準語大致相同，僅有些許詞彙不同。日常溝通則是廣東話口語，並大量融合英文及外來語詞彙，若讀者曾觀看香港電影或劇集的話，應該會發現劇中角色是講廣東話口語，字幕是廣東話書面語。

　　例如「搖」，廣東白話讀 fing，在香港往往也用英文「fing」來打字對話，廣東話正字寫作「擰」，而書面語就寫「搖」，由於口語文字很少在書面上使用，許多香港朋友會說：「其實我也不

台灣胃看香港餐桌

知道正字怎麼寫！」這種現象在台灣也有，例如台語的「毋通」，我們常直覺用發音寫成「母湯」，但台灣華語（慣稱國語）就寫：「不可以」，不過現今已逐漸重視台語正字的學習了。

對於不太熟悉廣東話的人來說，理解雙層語言可能需要一些時間。就連我也有腦筋打結的時候，在生活裡偶爾發生「字面上都聽得懂，但意思 get 唔到、聽唔明」這時也沒有別的辦法，只能虛心請教對方「請問是什麼意思？因為我聽不懂。」

在本書裡，我將透過外地人的角度，從香港飲食特色說起，連帶與您分享香港本地的其他特色，但在這之前，我想先淺談一下香港語言，如此讀者們閱讀本書時會比較好理解。

「我今日唔OT啦！我哋去食放題定omakase？你話事啦！」

英語Overtime　　日語漢字　　日語羅馬拼音

翻譯：我今天不加班啦！我們去吃到飽餐廳或是去吃日本廚師發辦（お任せ）？給你決定啦！

012

序言・關於香港：語言、法規與在地飲食

形容食物的廣東話字詞

飲食離不開語言，在日常生活中經常會用到與飲食相關的文字，或用來形容飲食的詞彙，有時正好代表當地人口味的偏好。舉例來說，台灣用來形容珍珠奶茶和肉圓外皮、芋圓與地瓜圓的「QQ」口感，在香港會以「煙韌」形容。

與喜歡料多澎湃又有嚼感的台灣飲食喜好不同，香港飲食更加重視「滑」，本地人追求的「滑」源自於他們料理時注重「嫩而不生、僅熟即可」的火候與時間掌控。

以港台兩地都有的切雞（台灣稱白斬雞）為例，台灣白切雞追求的是咀嚼時能感受到雞肉的彈牙，以及慢慢滲出來的肉鮮味；但在香港，則追求切雞皮爽肉滑、入口滑溜，這兩者各有千秋，也代表了兩地不同的飲食偏好。

又如香港的魚肉和海鮮料理，當魚肉與魚骨微微黏附時，呈現出魚肉僅熟的滑嫩感，這與台灣人對於魚肉及海鮮料理的熟度和偏好有明顯對比，台灣飲食普遍喜好厚實有嚼勁。「滑」還能延伸到其他料理，比方有絞肉的菜色，因香港飲食習慣較高的肥肉比例，或是港式奶茶中使用淡奶帶來的濃郁絲滑感等。

在後續篇幅裡，請與我一同隨著食物探索香港多元樣貌的飲食，以下是幾個關鍵的飲食形容詞：

滑〔粵拼：waat⁶〕	潤〔粵拼：jeon⁶〕
香港飲食重視「滑」的質地與口感，包括肉類的脂肪比例、適宜的生熟度，以及形容含有奶類的湯水飲品時的絲滑感	不含奶類的湯水，例如燉出帶有膠質的銀耳糖水、杏霜或杏汁煲湯、椰汁等有助滋潤喉肺的湯水，常用「潤」字形容
腍〔粵拼：lam⁴〕	**爽〔粵拼：song²〕**
軟的意思，將食材煮得軟透且咀嚼時無渣感，就會使用「腍」	爽脆／有口感／crispy，香港飲食偏愛爽脆口感的芥蘭、菜心，以及廣東鹹水麵特有的口感，皆以「爽」字形容，但不單指脆的意思
煙韌〔粵拼：jin¹ ngan⁶〕	**膎／唯〔粵拼：haai⁴〕**
煙韌用來形容有嚼勁不易斷的食物，例如麻糬、糕點、芋圓、珍珠等，在台灣則用「Q」來形容	屬於負面字詞，過熟、太老、口感乾澀，例如過熟的海鮮與肉類、煲湯後湯裡的肉類食材（湯渣）；常被俗寫為鞋
香〔粵拼：heong¹〕	**鑊氣〔粵拼：wok⁶ hei³〕**
作為香氣上的形容，但是偏向大略、大概的香氣	以鑊、油與猛火調節，在翻炒食物的過程中，讓食物產生梅納反應，進而散發出「似焦卻非焦」的鑊氣。

序言・關於香港：語言、法規與在地飲食

綿〔粵拼：min⁴〕	抵食〔粵拼：dai² sik⁶〕
綿密且蓬鬆的質地，例如用於形容蒸糕、棉花魚肚及廣東粥。綿，更是把米粒煮至綿滑蓬鬆的廣東粥特色	形容食物高性價比（cost-performance ratio），在香港會說「抵食」，若在台灣則習慣說「高 CP 值」
脆〔粵拼：ceoi³〕	中伏〔粵拼：zung³ fuk⁶〕
酥脆／crunch，通常用來形容油炸食品，例如炸魚皮、炸響鈴卷等帶有酥脆外皮的食物和餅乾	像中了埋伏一樣，在香港常用「中伏、伏店」形容與期待有落差的飲食與店家，在台灣則說「踩雷、雷店」
冶味／惹味〔粵拼：je⁵ mei⁶〕	搭檯〔粵拼 daap³ toi⁴〕
惹味／冶味用來形容一道菜式使用多重風味堆疊，能襯托並突顯食材的美味，吃了味濃不膩且意猶未盡	就是台灣說的「併桌」，在香港生活必須適應，於平價食肆用餐時與陌生人同桌搭檯
渴／杰〔粵拼：git⁶〕	
形容水分或湯汁稀少而過分黏稠的狀態，通常用於負面形容。此為口語，生活中較少寫口語正字，常俗寫為「杰」，書面語則寫為「濃稠」	

015

台灣胃看香港餐桌

烹飪手法的廣東話字詞

在香港,有些烹飪方式的詞彙與台灣相同,但也有些是台灣較少使用的,以下為日常生活常見的烹飪相關字詞。如果想快速查詢港台詞彙差異,也可查詢本書附錄:

煎〔粵拼:zin¹〕	炒〔粵拼:caau²〕
使用適量的油將食材表面煎至香酥。而「煎鍋」在香港則混合廣東話及英語,說為「煎Pan」	使用稍多的油,以猛烈大火快速翻炒鍋內食材與調味料至熟,為保有食材最佳熟度、呈現油亮並帶有鑊氣
炆〔粵拼:man¹〕	煀〔粵拼:wat¹〕
形容長時間用小火烹煮有醬汁的食物,煮至軟爛入味並收汁。台灣華語說「燜」,台灣客家話則說「炆(vun)」	將食材過油,或使用較多的油快煎表面,再放入較多蔥、薑、芹等辛香料,連同醬汁以小火煀至入味
焗〔粵拼:guk⁶〕	燒〔粵拼:siu¹〕
把食材埋入加熱後的鹽裡,在不透氣的狀態下,以微火將食材焗熟,例如鹽焗雞;或將食材放入窯或烤爐內以密封烘烤至熟。此外,香港說「烤焗」,台灣說「焗烤」	燒烤之意,以明火或炭火燒烤的意思。例如帶著酥脆豬皮的燒肉、燒腩、叉燒、燒雞。在香港,如要約朋友「烤肉」,就稱「燒烤」並前往燒烤場喔!
生炒〔粵拼:saang¹ caau²〕	啫〔粵拼:je¹〕
知名的菜色如「生炒糯米飯」,用水將糯米預先浸泡四小時以上,待米粒發白後,瀝乾水分入鍋,加入配料,用油翻炒至熟,成品黏度適中有彈性,視覺上粒粒分明	風味濃厚且粗獷的砂鍋菜,將生鮮或預製食材放入加熱的砂鍋,此時料理中的水分接觸鍋面會產生「啫啫」聲,因而得名,如啫啫芥蘭煲、蝦醬啫啫通菜煲

016

序言・關於香港：語言、法規與在地飲食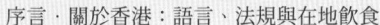

參考出處：《灶邊煮語》2018 年遠流出版，陳淑華著

炸〔粵拼：zaa³〕

使用最多的油，大約是能淹過食材的油量，加熱炸至食材表面水分蒸發，形成酥脆表面

點〔粵拼：dim²〕

夾取食物輕輕「沾」取適量調味醬汁，在廣東話裡稱爲「點」。例如台灣說「沾醬油」，香港說「點豉油」

烚〔粵拼：sap⁶〕

放入水裡煮熟的意思，例如水煮蛋，在香港說「烚蛋」。廣東話「烚」的發音與台灣台語的「煠（sah）」發音近似

灼〔粵拼：coek³〕

用水汆燙，讓食材在短時間變熟。香港人習慣在燙青菜的水中加入一勺油，以去除澀味並增加滑度，燙青菜爲「灼油菜」或簡稱爲「油菜」，並非台灣的蔬菜品種──油菜

煲〔粵拼：bou¹〕

用多種食材搭配大量的水，以稍長時間（如兩至三小時），以直火加熱將食材味道煲煮至湯水裡，使之融合

浸〔粵拼：jam³〕

把食材浸泡在湯或油內，關火或離火後維持中低溫至食材變熟，可保持肉類多汁軟嫩，是粵菜常見的手法

蒸〔粵拼：jing¹〕

以隔水蒸煮及乾蒸的方式，用熱氣將食材蒸熟，可保留食材原味並使口感滑潤，例如蒸魚、蒸排骨、蒸肉餅、蒸水蛋及燉湯

醃〔粵拼：yip³〕

使用調味料浸漬成醃漬食品，或在料理前使用調味料將食材醃漬入味

臘〔粵拼：laap⁶〕

以調味品醃漬食材，吊起風乾及熟成至半乾硬狀態。香港臘味的常見食材包括臘鴨腎（又稱陳腎）、臘腸、潤腸（台灣稱肝腸），以及臘鴨髀（臘鴨腿），並常用於傳統菜式

爒〔粵拼：luk⁶〕

將食材放入水或油裡，不斷翻動或滾動至煮熟，即爲爒，俗寫爲「淥」。例如夾著一片肉放入熱湯裡涮，或是將整隻魚或雞鴨放入深鍋一邊滾動一邊淋上熱油

滾〔粵拼：kwan²〕

用多種食材搭配大量的水，以較快的速度在二十分鐘內將食材煮熟後的帶料湯品，在香港稱爲「滾湯」；台式家常湯品大多爲滾湯做法

燉〔粵拼：dan⁶〕

通常是帶醬汁的料理，使用中小火長時間烹煮至食材軟透；或隔水蒸燉約四小時，燉出湯清味厚的湯品

台灣胃看香港餐桌

淺談香港食品牌照

香港食品衛生管理規章[註1]與飲食牌照與台灣慣用的規範不同，牌照類型多，並嚴謹規範可以販售的食品項目及消防規格。舉凡食肆（飲食店、餐廳）、烘製麵包或糕餅店、凍房（食品冷凍倉儲）、工廠大廈建物內經營之工廠食堂餐廳、製作食品的食物製造廠、新鮮食品店、冰凍甜點製造廠、奶品廠、燒味及滷味店和綜合食物店等，都需分別申請適合的許可牌照。

以食肆場所為例，會根據營業規模或需求有所分別，例如規模與服務齊全的餐廳可申請被稱為大牌的「普通食肆牌照」；小型餐飲店或小食店，申請稱為小牌的「小食食肆牌照」；以及少數在船上經營的食肆，則持有「水上食肆牌照」。餐飲店內如有販售酒精類產品，則需另外申請「酒牌」。除了右頁的「普通食肆牌照」，還有其他牌照如下：

· 水上食肆牌照 Marine Restaurant Licence
· 烘製麵包餅食店牌照 Bakery Licence
· 冰凍甜點製造廠牌照 Frozen Confection Factory Licence
· 奶品廠牌照 Milk Factory Licence
· 燒味及滷味店牌照 Siu Mei and Lo Mei Shop Licence

序言・關於香港:語言、法規與在地飲食

―――― 香港常見的食品牌照類型[註1] ――――

小食食肆牌照(小牌) Light Refreshment Restaurant Licence	普通食肆牌照(大牌) General Restaurant Licence	工廠食堂牌照 Factory Canteen Licence
 持牌 普通食肆 LICENSED GENERAL RESTAURANT	持牌 小食食肆 LICENSED LIGHT REFRESHMENT RESTAURANT	持牌 工廠食堂 LICENSED FACTORY CANTEEN
適合簡單烹調的小吃店、咖啡輕食店、麵店、粥店、甜品店。更細分為六類不同營業食品項目類型[註1]	適合餐廳、經營品項種類多的餐飲店申請,包含使用任何烹調方法配製及販售食物的店家	在香港的工廠大廈內經營的食物業,僅服務受僱於該大廈內的人士

食品製造廠牌照 Food Factory Licence	凍房牌照 Cold Store	新鮮糧食店牌照 Fresh Provision Shop
 持牌 食物製造廠 LICENSED FOOD FACTORY	持牌 凍房 LICENSED COLD STORE	持牌 新鮮糧食店 LICENSED FRESH PROVISION SHOP
製作食品、包裝食品、加工食品或餐飲業中央工廠等,在香港皆需持有食品製造廠牌照,但此牌照不包括製作燒臘與滷味	食品冷凍倉儲食品的倉庫,在香港需持有此牌照。香港用語的「冷藏」在台灣則說「冷凍」	買賣新鮮、冰鮮或冷藏牛、羊、豬肉、爬蟲、魚及家禽類需持此牌照,不包括重新包裝及加工糧食

019

台灣胃看香港餐桌

而「小牌」也有細分牌照類型，取得獲准才能販售指定食物。若想販售牌照許可之外的其他食物，需額外申請，大略可參考下表：

──香港小食食肆（小牌）牌照類型，及批准售賣的食物[註1]──

按照規定，小牌持牌者，只可從以下六個特定食物類別中，選擇一類食物出售，如有其他類型，需另外提出批准申請。

甲類	肉類、內臟、海產烹製麵、米粉、餃子、雲吞、燙青菜，不含酒的咖啡與冷飲
乙類	使用肉類、雜臟、雞鴨、魚、海產的粥，不含酒的咖啡與冷飲
丙類	麵包、蛋糕、餅乾、三明治、漢堡、熱狗、西多士、格子鬆餅、罐頭肉類、罐頭湯、罐裝醬料烹調的通心粉與意大利麵
丁類	麵包、蛋糕、餅乾、三明治、煮蛋、預先煮熟只可在店內加熱的點心
戊類	適合甜品店，准許販售糖水與啫喱（台灣稱果凍）預製豆花與甜品、不含酒的咖啡與冷飲
己類	特別食品、不含酒的咖啡與冷飲

註及參考資料：
1. 香港食物環境衛生署 (2024, Feb) 食肆牌照申請指南
https://www.fehd.gov.hk/tc_chi/licensing/index.html

020

序言・關於香港:語言、法規與在地飲食

港台美食裡的多元融合

香港飲食深受商業貿易、殖民及外來移民等因素影響,多元族裔的融合讓食物風貌相當豐富。除了廣東飲食風格的香港街頭小吃、大排檔、茶餐廳、燒味店、粵菜宴席餐廳及茶樓酒樓外,還有因為英治時期而衍生的茶餐廳與豉油西餐。

隨著外來人口的流動與貿易繁盛,聚集了多種族裔人口[註2]的香港吸納了客家、潮州、上海、雲南及川菜等地飲食風格,在地化後發展出全新演繹,例如上海的雪菜肉絲在香港成為茶餐廳的「雪菜肉絲米」。此外,香港還有不少已移居兩三代的印度裔及巴基斯坦裔,由家族經營的印度菜、巴基斯坦料理與南亞飲食也等著我們探索,同時還可見到歐美、日韓風味的餐飲選擇。

台灣飲食同樣多元，融合閩南、客家、潮州、原住民及東南亞移民的風味，從街頭夜市小吃到阿舍菜（舊時富裕人家享用的手工菜色），皆展現出多樣性。雖然港台飲食共享相似的族群背景，但在多元文化的薰陶下，兩地飲食各具特色，並且因著兩地不同的風味喜好，進而演變出獨特的代表性食物。

廣東粵菜與香港新派粵菜

　　粵菜又稱為「廣府菜」，料理技巧廣泛且重視火候與五滋六味的平衡，講究火候的程度更近乎刁鑽。十九世紀香港開埠通商後，香港匯聚多元族群直至 70 年代經濟蓬勃發展，消費力的提升提高了大眾對飲食的講究。與傳統粵菜有所分別的是，香港新派粵菜借鑑西式料理的技巧與手法，並在粵菜當中融入西方進口食材、東南亞香料等，將東西方元素融合出如今香港特有的樣態。

香港客家飲食

　　客家人有著獨特的飲食文化，他們將米製粉麵、粿、醃漬梅乾菜和鹹酸菜等美食元素傳播到世界各地，在文化融合的過程中，客家飲食在港台兩地留下相似卻有著微妙不同的痕跡。舉例來說，港台兩地都有客家菜式的梅乾扣肉，但香港又發展出香滑的梅菜蒸肉餅。客家菜式的樣貌在港台兩地不太一樣，台灣的薑絲大腸、

序言・關於香港：語言、法規與在地飲食

客家小炒是客家飲食的代表；而香港的客家菜，則以沙薑與鹽製作的客家鹽焗雞、客家黃酒燒雞及釀豆腐為代表。

香港上海菜

上海食物隨著上海移民潮踏入香港，融合了在地的口味偏好，再次演變為獨具港式風格的「港式上海菜」。上海麵食來到了香港後，由於白麵與香港本地的廣東粉麵形成對比，因此在香港習慣稱呼白麵條為「上海麵」。此外，在香港上海餐廳同樣可以找到酸辣湯的蹤跡，不過港式酸辣湯和台式酸辣湯的味道和用料，各自擁有風味特色和講究之處。

香港潮汕食肆與餐廳

潮汕飲食在香港及台灣發展許久，潮汕飲食的風味特色對於台灣人來說也是熟悉的味道。在香港生活時，潮州菜確實很治癒我的胃思鄉，我經常在香港的潮汕飲食裡，遇見台灣餐桌上也有的熟悉味道，例如：潮州手切牛火鍋、陳年老菜脯、冬菜，以及質地與台灣稀飯十分相近的潮州蠔仔粥、白粥。

註及參考資料：
2. 據香港政府統計處 2016 年中期人口統計 - 香港非華裔族裔人士 www.censtatd.gov.hk

台灣胃看香港餐桌

香港的南亞與東南亞飲食

十九世紀香港英治初期，有大量的尼泊爾、巴基斯坦與印度人口被英國調動至香港，擔任警衛或軍隊的工作，他們在香港定居幾代後，如今也成為香港多元族裔的一部分，並為香港飲食帶來更多南亞美食的風情。在香港還有許多的印尼華僑，以及從事家庭照護及幫傭服務的菲律賓與印尼族群，因此也有許多菲律賓、印尼餐飲及食品店。在香港非華人的少數族裔[註2]，包括南亞地區的尼泊爾、巴基斯坦和印度裔，故被稱為「南亞裔」。

港台兩地在許多名稱上有差異，例如在香港會禮貌稱呼外籍家庭幫傭為：「姐姐」或「工人姐姐」，但在香港，工人一詞並無惡意或貶義。在台灣，則以「外籍移工」或「外籍幫傭」來稱呼。

此外，在香港會稱呼護理師為「姑娘」，在台灣則按學歷分別稱為護士、護理師。如果是移居台灣的香港讀者或住在香港的台灣讀者，可以稍微注意用詞轉換。

其實，沒有哪一種稱呼比較優越，純粹是港台兩地中文用詞的不同。移動到什麼地方就轉換一下腦袋，改為當地的用詞與稱呼，回家後再轉回來原本的就行。

序言・關於香港：語言、法規與在地飲食

你是美食愛好者？饕客？
評論家？鑑賞家？

在香港，大眾常將熱愛飲食的人通稱為「食家」，但實際上還有細分。例如，樂於分享新開張餐廳、熱衷嚐鮮的被稱為 Foodie[註3]；在媒體上公開對主廚、餐廳或菜餚進行評論的，則是美食評論家（Food Critic）；側重飲食知識、技術與餐飲藝術品味的是美食鑑賞家（Gourmet）；注重用餐體驗，對食材來源與氛圍有高要求，追求身心滿足的，則是饕客（Epicure），當然，在現今時代裡，人們很可能身兼多重身份，但我更傾向稱自己為說故事的人。

Foodie	Food Critic	Gourmet	Epicure
美食愛好者	美食評論家	美食鑑賞家	饕客
重在探索和分享	公正且專業的評論	注重品質技術與知識	著重於體驗與享受

在社群媒體上分享探店記錄時，我多以欣賞與鼓勵代替評論。偶爾參與品牌活動，也會標明合作關係；對於任職的品牌，則選擇避嫌或以更高標準審視以示公正。因深知公關邀請下的用餐體驗往往更加周到，也曾在後續幾次回訪裡，因為角色轉換而體會

025

到「成本和服務的多重時空」,這在競爭激烈的香港市場並不罕見,當然,也有許多良心店家維持品質。所以我更偏好自行消費或多次回訪,以確保觀察的眞實性。

在這個「鬥快」發文的時代,我仍想邀請大家,在評論陌生飲食時,不妨先了解、後評論。例如,以往曾見過人將意大利手工粗麵(Pici)形容爲「上海粗炒」,並否定其價值,當下雖引發笑聲,也讓人感嘆缺乏理解會產生評論的盲點。類似情境也出現在工作中,有網友以茶餐廳油炸法蘭西多士的標準,去評價主廚精心製作的法式吐司而給出負評,卻忽略了法式吐司在香港的演化歷程,一端走向平價親民,另一端趨向精緻細膩的兩極性進化。正如韓國實境節目《黑白大廚》中,主廚做出正宗意式燉飯(Risotto),卻因米芯的口感被評爲「飯太硬」。消費者與廚師的立場各有其道理,這也帶來兩種選擇:爲大衆調整口味,或專注服務更理解價值的顧客。

此外,先了解香港的店舖類型與法規,有助於更準確地評價餐廳。例如,部分持有小牌的食肆因牌照限制,需按規定採用供應商成品後再提供料理。若不知情卻過度稱讚某道菜的烹飪技術,可能會讓彼此都感到尷尬。

評論飲食需要更廣闊的視野與包容的態度,試著理解不同階層、

序言・關於香港：語言、法規與在地飲食

文化背景與法規，能幫助我們欣賞每道食物背後的價值。畢竟，飲食評論的切入點不僅評價了食物本身，也折射出評論者的生活體驗廣度與視野。

帶著台灣胃，與你分享香港的餐桌風貌

對我而言，撰寫這本書不只是分享香港飲食，更是一場自我挑戰。我帶著自小養成的台灣胃，以客觀視角並透過「五感」比對港台兩地的飲饌文化與異趣，邀請讀者與我一同理解那些「吃過卻未了解」的香港飲食風味。如同在撰寫《四季裡的港式湯水圖鑑》時，我拆解分析香港湯水的元素，從港台湯水與糖水[註4]的烹飪邏輯與風味偏好進行比較，才能讓非香港人的讀者更易理解湯水的獨特性。

這次，我也會穿插自己在異鄉生活感受到的文化衝擊與體會，但跨越文化框架並非拋棄家鄉，而是在理解差異的同時，更深刻認同自己的原生文化，並拓展自身對其他飲食特色的欣賞和接納度。接下來的章節，誠摯邀請你一起探索港台飲食的精彩！

註及參考資料：
4. 在香港，帶湯甜品稱為「糖水」。

CHAPTER 1

嗅覺・速度與效率

唞唞聲食完就閃

「快吃快走～」
（＊唞唞聲是很快的意思）

外地旅客初到香港，以度假的悠哉心情走進當地追求效率的快餐食肆，便會感受到平價餐飲店裡光速般的節奏，侍應話少且急，似乎予人不耐之感。其實，街頭小吃、茶餐廳、粉麵店等飲食小店，是解決「時間不夠」而生的效率型食肆。在這類場所用餐，速度就是禮儀：搭檯併桌、迅速點餐及用餐、主動離座，避免佔位聊天。若想慢慢用餐聊天怎麼辦？可改爲前往餐廳、火鍋店或燒烤。在快餐食肆加快步伐，在正式餐廳放慢節奏，懂得變速，便能加速適應。本章將帶您探索以「快、靚、平」爲特色的街頭小吃與常民飲食。

Chapter 1 嗅覺・速度與效率

嗱喳麵、車仔麵，食神電影裡的雜碎麵

在台灣，不少人是因為電視台持續重播香港電影《食神》而認識「雜碎麵[註]」這道食物，電影裡的角色史提芬周（周星馳飾）批評了一碗麵裡的每個食材，反而讓這道食物在觀眾心裡留下深刻印象。雜碎麵究竟是什麼？為什麼這個麵能作為代表香港基層市民的飲食之一呢？

▲在香港電影裡，經常可以窺見一些無需言說，但具有象徵性的符號，例如公雞碗就是象徵市井小民的視覺元素之一。

註：
香港電影《食神》裡，食神評價廟街雞姐嗱喳麵（車仔麵）裡的豬紅、白蘿蔔、大腸及咖哩魚蛋，因此讓香港以外的電影觀眾們認識了車仔麵。當時國語配音及字幕嗱喳麵翻譯為「雜碎麵」。

031

我們去吃嘟喳麵：雜碎麵的真身是「車仔麵」

初到香港時，我也曾喊著「想吃電影裡的『雜碎麵』」，後來才知道並沒有「雜碎麵」。而且若看廣東話原音版本《食神》的話，是用廣東話說：「嘟喳麵」，也就是現今說的「車仔麵」，但為何嘟喳麵在台灣被翻譯成「雜碎麵」？

車仔麵是以木製推車在街頭巷弄經營的街頭小吃，木製推車裡有幾個格子，分別放入麵、湯、配菜，推車雖小，卻樣樣齊全，因此稱為「車仔麵」。搭配麵的配菜（廣東話稱餸，粵拼：song⁴）的食材，大多是成本低且較難清洗乾淨的內臟，也因街邊營業的關係，導致衛生狀況不太及格，因此車仔麵被俗稱為「嘟喳麵」，「嘟喳」在粵語中意指髒污，便以嘟喳麵的俗稱，來表示車仔麵的不修邊幅，更因此在台灣電影台裡的國語配音及字幕被翻譯成「雜碎麵」。

在 50～60 年代時期，香港的基層人民收入微薄，價格低廉的嘟喳麵在經濟困頓的時代餵飽了許多人。隨著時代的變遷和餐飲衛生法規的嚴格執行，嘟喳麵從街邊的推車轉移到店面，早年的市井樣貌演變成至今的店面模式，配菜「餸」變得更加豐富多樣，但價格依然親民。飲食隨著時代演變，不變的則是當肚子餓時，前往車仔麵店，就像在台灣前往小吃麵店一樣的心情──便宜又快速地吃碗麵吧！

Chapter 1 嗅覺・速度與效率

▲在香港舊時代的街邊,會以木製推車販售車仔麵。

在香港想要隨意吃一碗麵時,首選車仔麵店

有人會用台灣的加熱滷味與香港的車仔麵做對比,但我更傾向以台灣的小麵館作為參照。在台灣的小麵館簡單點碗麵時,通常習慣搭配幾盤小菜,例如水煮嘴邊肉、內臟、貢丸、滷味或燙青菜,店家會把麵和小菜分開盛裝或擺盤。而在香港,想要隨意吃碗麵的話,則會前往車仔麵店,自由選擇各式配菜,再將所有顧客自選的配菜,例如豬紅 註、通菜、滷大腸等,放進同一碗麵中。

註:「豬紅」在台灣稱豬血,「通菜」在台灣稱空心菜,更多港台詞彙對照請參閱本書附錄。

台灣胃看香港餐桌

▲左圖為車仔麵配料，種類多樣且不限為滷味（滷水）；右圖為車仔麵店的麵條，選擇豐富，可為滿足不同顧客喜好，從新鮮油麵、廣東鹼水麵、白麵、米線與米粉及公仔麵等，應有盡有。

　　車仔麵的「餸」種類多樣，並不限於滷味。說到「餸」，對台灣人來說可能有些陌生，其實就是指菜餚或配菜。在廣東話裡，不論是搭配主食的下飯菜，還是放在麵裡的配料，都統稱為「餸」。

　　面對配料五花八門的車仔麵該如何點餐？在早期的香港街頭，車仔麵配料簡單，就像電影《食神》的台詞那樣直接了當。而如今，在香港的車仔麵店，種類選擇豐富到讓人眼花繚亂。車仔麵沒有固定配料或風味，是一款徹底「客製化」的麵。從麵的種類、配料到湯底，都能自由搭配，每碗車仔麵都是專屬於你我的獨特組合。以下是常見的配料與風味類型：

Chapter 1 嗅覺・速度與效率

在香港吃車仔麵怎麼點？

通常有兩餸一麵、三餸一麵、四餸一麵等不同定價，但超過四餸後，每一款額外的餸需另外計價，各家店的定價則稍有分別。每家車仔麵店提供的選項不盡相同，菜單上通常會列出不同價位的配料，建議只選擇兩三款配料，再選麵條和湯底。有些店家甚至可以「走青（不加蔥）」喔！

STEP 1　選麵

麵類，例如新鮮油麵、廣東鹼水麵、粗麵、幼麵、米粉、米線、白麵、烏冬、公仔麵。

STEP 2　選餸

風味餸，例如咖哩魚蛋、麻辣魷魚、蠔油冬菇、豬紅、沙嗲牛肉。

台灣胃看香港餐桌

滷水與燉煮類，例如柱侯牛腩、滷豬手、滷大腸、瑞士雞翼、鳳爪、牛雜、滷水蛋。

加工食品類，例如貢丸、牛丸、芝士腸、紅腸、墨魚丸、魚蛋、魚皮餃、豆卜。

根莖與蔬菜類，例如清燉白蘿蔔、紫菜、韭菜、生菜、通菜、當季蔬菜。

STEP 3 **選湯／醬**

湯汁、辣醬，常見的有清湯、牛腩汁、沙嗲汁、咖哩汁、店家獨門秘制醬汁、辣醬等。

Chapter 1 嗅覺・速度與效率

▲左圖為位於葵芳的孖寶車仔麵,圖右為荃灣的千色車仔麵(米其林推薦),從麵到配料,顧客可以自行搭配不同組合。

◀榮記粉麵的豬紅(台灣稱豬血)口感非常軟嫩(攝於銅鑼灣／榮記粉麵)。

邊度食

- 榮記粉麵:銅鑼灣渣甸街 43 號地下
- 千色車仔麵:荃灣兆和街 49 號地舖
- 榮安小食:荃灣大河道 24B 號舖
- 孖寶車仔麵:葵芳葵涌廣場地下 A15 號舖(港鐵葵芳站出口步行)
- 來多碗車仔麵:觀塘康寧道 44 號地下 B 舖

基層恩物：兩餸飯與三餸飯的香港家常滋味

從窮人恩物，到五星酒店也推的餐點模式

在物價高昂的香港，兩餸飯與三餸飯也是快速又經濟實惠解決一餐的好選擇。供應兩餸飯的食肆，以整齊並排的不鏽鋼深盤展示各式家常菜餚，用實惠價格提供一飯二菜或一飯三菜的組合，因此得名「兩餸飯」與「三餸飯」。以香港物價來看，售價僅20～30多元起港幣的兩餸飯，價格相當親民，也因此被視為「窮人恩物」，足以代表社會底層平民美食，甚至還有句自嘲的說法：「月底吃兩餸，發薪吃三餸。」

2020年的全球疫情影響了餐飲業，自2021年起，兩餸飯店數量不減反增，連售價較高的正式餐廳與五星級酒店也加入戰場。當時曾猜想，兩餸飯是否因此得以擺脫常民階層的標籤？疫情後才明白，這只是艱難時期商家求生的方式。面對疫情衝擊，我也曾多次買兩餸飯，方便又實惠。如今疫情已過，卻忙得不得閒開伙，偶爾嗌個三餸飯解決一餐，順便自我調侃：「宜家嗌多個餸添！」（現在還能多叫一個菜呢！）

香港飲食裡常用的「餸」字

前文提到車仔麵時，出現廣東話中的「餸」是台灣沒有的詞，實在很有意思。「餸」指菜餚或配菜（名詞）、說明菜能「搭配」飯或麵（動詞），還能形容一道菜特別下飯：「呢個餸好餸飯」。

在台灣熱炒店裡，常會聽到人們說：「菜夠嗎？要不要多叫一個菜？」這裡的「菜」指的是菜式，不限於蔬菜類。而在廣東話裡，則說「夠唔夠餸？嗌多個餸？」「餸」涵蓋各類配菜，在香港，若說「菜」，多數專指蔬菜類的配菜。順帶一提，兩餸飯英文名為 Rice with Two Sides，但外籍旅人更愛以 This This Rice 或 This This This Rice 來稱呼兩餸與三餸飯。不會用廣東話點餐？用「This」指一指，輕鬆點餐！

名詞	動詞	形容詞
三個餸（三道菜） 隔夜餸（隔夜菜）	餸飯食（配飯吃） 餸粥食（配粥吃）	好餸飯（很下飯）

香港「兩餸飯」與台灣「自助餐便當」

從我的外地人角度看香港的兩餸飯店，很直覺就聯想到台灣的「自助餐便當」。台灣的自助餐便當並非英文的 Buffet（無限取用餐點），點餐方式是望著菜盤，直接告訴店員想要的菜式後，再配上米飯組成盒飯便當。

而香港的「兩餸飯」大多是一口價，兩款或三款菜，各有固定價格，僅少部分特定菜品需另加價。而台灣的自助餐便當，則不限菜式及數量，計價方式因不同店家各異，有些按重量計價，有些則依菜品分類，例如魚與肉價格較高。

Chapter 1 嗅覺・速度與效率

▲左圖為香港的兩餸飯／三餸飯店,「兩餸飯」是兩款菜式配飯一個價格,「三餸飯」是三款式配飯一個價格,店內不一定有座位;右圖為台灣的自助餐,採用秤重或按主菜與配菜計價,有些店家設有座位,有些則以外帶為主(攝於石家自助餐)。

到香港兩餸飯店找尋家常菜式

香港的兩餸飯以家庭菜式為主,烹調方式多樣,包括煎、煮、炒、炸、蒸、燉等,食材更涵蓋魚、肉、蛋、豆、蔬菜,選擇豐富且價格實惠。「兩餸飯」常見的家常菜料理方式有:

蒸〔粵拼:jing^1〕:
代表菜色有雲耳蒸雞、腐乳蒸雞、豉汁蒸排骨、梅菜蒸肉餅、鹹蛋蒸肉餅、魷魚蒸肉餅、三色／肉碎蒸水蛋。

炒〔粵拼：chaau²〕：

西蘭花炒肉、豉汁涼瓜炒牛肉、薑汁清炒時蔬、蝦醬炒時令菜、馬拉盞時令菜、蝦仁／番茄炒蛋、豉椒炒蜆子／白鱔。

炆〔粵拼：man¹〕：

蘿蔔炆牛腩、炆豬手、咖哩薯仔炆雞、冬菇炆豆腐、南乳炆粗齋、魚香茄子、荔芋油鴨煲。

炸〔粵拼：ja³〕：

咕嚕（咾）肉、椒鹽豬扒／排骨／蝦、炸雞翼／雞扒、炸魚柳／炸、陳年黑醋一字排、蒜香牛油雞中翼、西檸雞。

Chapter 1 嗅覺‧速度與效率

在香港平價的兩餸飯店裡，能見到許多與台灣不同的香港住家餸（家常菜式），從這些平價菜色便能立即感受到香港飲食的風味特徵，例如惹味鹹香的鳳爪、炒豬肚、加入椰奶的荔芋油鴨、蘿蔔炆牛腩、熟度剛好的蒸魚、瓜脆肉滑的勝瓜炒肉片（上圖左為長沙灣／包點超人三餸飯）。每間店的拿手菜式不同，也有供應多樣魚種的蒸原條魚、魚鮫、魚片的兩餸飯店（上圖右為旺角／林興飯店）。

有些店家還大量供應多種類的時令蔬菜，例如通菜炒牛肉、炒椰菜花及西蘭花等，也能見到與台灣小白菜品種不同的香港「鶴藪小白菜」，此外也有如左圖的油炸及快炒肉餸、魚餸（攝於佐敦／三餸一湯）。

另外也有店家因應香港飲食口味偏好,將外地飲食元素做調整的融合菜式,例如上圖攝於尖沙咀的「龍百味小廚」,供應了上海紅燒肉、湖南辣椒蛋炒肉、四川式麻辣豬大腸。

　　三餸飯店裡有一道「陳皮豉汁蒸白鱔」(右圖下),白鱔在香港餐桌上也是常見食材,並出現於住家餸、宴席餐廳菜式及火鍋食材裡。有時還能在兩餸飯店裡見到傳統粵菜及當地調味品,例如「南乳炆豬手」,南乳是調味主角,以紅麴與豆腐製成紅色豆腐乳,再將豬前蹄炆至入味軟嫩的菜式(右圖下)。

Chapter 1 嗅覺・速度與效率

香港廣東話	台灣漢語	說明
鳳爪〔粵拼：fung⁶ zaau²〕	鳳爪、雞爪	在台灣，去骨雞爪稱爲鳳爪，未去骨則稱雞爪；但在香港，無論是否去骨，一律以鳳爪雅稱
豬肚〔粵拼：zyu¹ tou⁵〕	豬肚	
勝瓜〔粵拼：sing³ gwaa¹〕	絲瓜	絲瓜在廣東話裡的諧音寓意不好，故使用「勝瓜」作爲雅稱
鴨〔aap³〕	鴨	
蜜糖豆〔mat⁶ tong⁴ dau²〕	甜豆	
花菜、白花菜〔粵拼：je⁴ choi³ faa¹〕	椰菜花	
荷蘭豆〔粵拼：ho⁴ laan¹ dau²〕	荷蘭豆	
通菜〔粵拼：tung¹ choi³〕	蕹菜、空心菜	
西蘭花〔粵拼：sai¹ laan⁴ faa¹〕	綠花椰菜	
椰菜〔粵拼：je⁴ choi³〕	高麗菜	
豬手〔粵拼：zyu¹ sau²〕	豬蹄、豬腳	
豬腳〔粵拼：zyu¹ sau²〕	豬蹄膀 腿庫（台灣台語）	
肉眼豬扒〔粵拼：je⁴ choi³ faa¹〕	大里肌豬排	

註：更多港台詞彙對照請參閱本書附錄。

平價食肆共同的最高宗旨：不讓你餓

　　香港的兩餸飯與台灣的自助餐便當，儘管份量、菜色和營運方式有所差異，但共同點都是照顧忙碌常民的胃。其中不得不提，香港外食的份量驚人，經常是台灣單人份量的三倍。像在茶餐廳、燒臘店或兩餸飯店裡，米飯份量大約是台灣飯碗的三至四倍，體積不僅巨大，而且飯盒常是「裝滿再壓實」的狀態。這類餐廳的最高宗旨就是：快、靚、平，主打讓客人吃飽飽。

▲裝滿整盒後再壓實的白飯，份量是台灣的三倍。

Chapter 1 嗅覺・速度與效率

香港平價食肆雖然沒有台灣式的親切與笑容，也需加快用餐速度以提高翻桌率，但仍有人情味。對店家來說，開門做生意即是賺錢求生存，至於要不要將利潤「賺到盡」則看每家經營風格，有時從「裝滿壓實」的飯量，便能看見不動聲色的人情。

兩餸飯或許平凡，卻是了解香港飲食元素的入口之一。我常對熱衷追逐各地飲食的朋友說：「嘗試香港主題的 fine dining 之前，建議不妨先從街頭小吃、茶餐廳與兩餸飯店等最『貼地話你知』的菜式開始，之後再去享受以香港飲食為主題的 fine dining，就更容易嚐懂主廚精緻且創新演繹的香港風味元素。」

話你知

貼地／離地
〔粵拼：tip³ dei⁶〕
形容最貼近社會基層百姓的務實感，在香港，會以英文 down-to-earth，直譯為「貼地」。反之，不切實際與不知人間疾苦者，則稱為「離地」。香港說的貼地，在台灣可稱「草根」或「在地化」。

邊度食

- 林興飯店：旺角花園街 130A 號地舖（港鐵旺角站 B3 出口步行）
- 龍百味：尖沙咀金馬倫道 16 號地下 B、C 舖（港鐵尖沙咀 B2 出口步行三分鐘）
- 包點超人三餸飯店第 11 分店：長沙灣青山道 349 號地舖（港鐵荔枝角站 B1 出口步行五分鐘）

碗裡的雲：
藏於麵底的港式雲吞

　　餛飩或雲吞，不只是名稱上有地區慣用的區別，烹調方式和風味也別具特色。香港雲吞的製作，從雲吞皮、湯底、餡料皆有十足的講究。

　　因為香港氣候潮濕及悶熱，本地人製作雲吞皮時，會加入少量鹼水，可防止麵皮在炎熱氣候下腐壞，更因鹼水的鹽基性，使得麵粉中的麩質蛋白變得更加彈韌緊實。因此，擀得較薄的港式雲吞皮，即使浸在碗底，也能保持雲吞皮不易破爛，入口後更有如「雲」一般的滑順口感。

―― 雲吞與餛飩小圖鑑 ――

	港式雲吞	上海式菜肉餛飩	台式扁食
麵皮	方形鹼水薄皮	厚餛飩皮	薄麵皮
餡料	七分蝦 三分手剁半肥豬絞肉 加上大地魚粉	肥瘦肉比例 5：5 燙熟青江菜切碎 和肉餡比例為 1：1	偏肥豬絞肉混合調味 後打水，並在餛飩皮 內包入較少的內餡
搭配 麵時	雲吞藏於麵底	餛飩放在麵上	餛飩放在麵上

香港大地魚乾與台灣扁魚乾

至於雲吞麵的湯頭也毫不馬虎，看似清湯的金黃色湯頭蘊涵多種材料的精華，清爽鮮香；從雲吞餡到湯底，都有看不見的一款風味：大地魚。

若要我用易懂的方式，對台灣朋友們分享香港大地魚乾的風味，我會拿台灣的「扁魚」做比喻，兩者皆是將牙鮃[注1]（又稱左口魚）曬成乾後入菜，扁魚在台灣之於白菜滷的重要性，就像大地魚之於香港雲吞那樣不可或缺。

台灣扁魚乾在料理之前，要先「爆扁魚」，而香港的大地魚乾在入菜之前則需烘製處理。大地魚乾的尺寸較大，使用原條魚乾得拆骨，再切成小片狀，烘製過程不可心急，先以乾鍋低溫將魚肉烘烤至香氣散發且呈現硬脆狀，接著研磨成粉後入菜。

左圖是香港的大地魚乾，約 20 ～ 25 公分長，剖開後日曬成乾。在香港市面上購買大地魚的乾貨時，能找到三種商品選擇：傳統的原條大地魚乾、已拆骨的大地魚乾肉、已爆香後研磨成粉的大地魚粉。右圖則是台灣扁魚，體型較小，約成人的手掌心大，同樣曬乾再料理使用。

註及參考資料：
1. 牙䱛又稱香港左口魚、比目魚，因長得像舌（廣東話將舌稱爲脷），又雅稱爲龍脷魚（龍舌魚），在台灣與香港皆會曬乾作爲乾貨，在日本及香港則當成生魚片享用，亦可用法式手法（Meunière）於去骨後裹上麵粉，再以牛油（butter，台灣稱奶油）煎至金黃。
2. 《香港海鮮採購食用圖鑑》2014 年萬里機構出版，袁仲安著。

從商業化與傳統共存：看見香港社會與台灣不同的價值觀

從香港的乾燥大地魚到商業化的大地魚粉，可以觀察到傳統與商業並非完全對立。

以罐裝大地魚粉為例，它降低了大眾使用門檻，讓更多人接觸這款傳統食材。對於食材特別講究的人，則可選擇原條大地魚，親手以傳統方式烘烤製作。透過商業化，這項手藝得以被傳承，職人也能在其中獲益生存，傳統食材之美因此延續下來。

在香港，社會不避諱追求合理利益。面對不斷上升的生活成本與通貨膨脹，零售與餐飲業在售價上調後無須多作解釋，因為這是市場的必然結果。而選擇權始終掌握在消費者手中：喜歡的話就支持，不認同或負擔不起則轉頭離開，正是這種瀟灑的態度，讓香港的傳統與商業和諧共存，並且不斷向前發展。

▲ 左圖為大地魚湯底配上大量蝦籽（攝於劉森記麵家），也是香港特有的風味；右圖是大地魚湯底配上少量蝦籽（攝於靠得住粥麵小館），是觀光客較能接受的味道。

香港雲吞湯底：大地魚湯

香港湯底的學問是個龐大宇宙，本地人對於雲吞麵的湯底一樣講究。製作雲吞湯底需要細火慢燉三小時煮出味道，看似清澈卻有滿滿細節，這樣的湯不稱煲湯，稱為「吊湯」。

食材有大豆芽菜、豬骨、金華火腿、烤香的蝦殼、烤香磨碎後的大地魚、搗碎的白胡椒粒，再加入清熱且帶有甜味的羅漢果，全程以小火煮熱但不沸騰，「吊」出所有材料的風味，並同時保持湯水的清澈。湯底完成後，徹底去除所有材料及細渣後，只留下金黃清澈的大地魚湯底。

香港雲吞的擺盤特徵：藏於麵下的雲吞

從餐飲業的行銷與設計角度來看，商業攝影常將香港的雲吞擺在麵上，為吸引目光。但站在地方飲食文化的角度來看，這卻是最不地道的呈現方式。拍攝香港的雲吞麵時，雲吞應藏在麵底，才能真正表現出香港雲吞麵的特色。

為何將雲吞藏在麵下？其實是為了托高麵條，保留廣東鹼水麵獨特的「爽」口感。就像意大利的意粉與燉飯講求帶芯口感，廣式鹼水麵則追求微硬微脆的「爽」，粵拼為 $song^2$，在廣東話中形容食物質地，既可指蔬果的爽脆，也能用於描述竹昇麵的微脆彈牙。

為了呈現特有的「爽」，香港的雲吞麵有嚴謹的盛裝順序：先在碗底放韭黃與匙羹，接著放煮好的雲吞並墊高，再沖入金黃的大地魚湯底，最後才擺上鹼水蛋麵，所有襯在下方的食材能讓麵條遠離熱湯，避免變得過軟。正因這樣的在地飲食偏好，端上桌的雲吞麵只見麵條，卻看不到雲吞。

要真正體會這細幼鹼水麵的「爽」口感，只憑敘述或照片是無法還原意境的。故誠摯推薦各位，到香港一定要親自嚐一碗雲吞麵，品味其中的文化與美味！

台灣胃看香港餐桌

▲香港人會將雲吞刻意藏在麵底下，將麵高高托起，避免麵條浸泡在湯裡，為保有廣東鹼水麵特有的口感：「爽」（攝於麥奀記）。

在香港的雲吞麵店，桌上的紅醋是最佳提味伴侶。我吃雲吞麵和碗仔翅時，也會加入少許紅醋，如此整體風味更具層次，為保留品嚐樂趣，一開始別急著加入紅醋或失手添多。先喝一口大地魚湯底，嚐一口麵及雲吞，感受原味的鮮香，隨後才加入紅醋，紅醋一入湯，鹼水麵的味道會變得更平衡。麵、雲吞與湯的份量恰到好處，貪嘴的我便能多叫一碟炸鯪魚球或油菜。

▲港式雲吞的雲吞皮與麵皆為鹼水麵，加入少後紅醋後，不只提味，也能平衡鹼味，但可別加太多喔，如果怕失手，可先倒少許在匙羹裡，再斟酌用量（攝於麥奀記）。

054

大蓉與細蓉：大份雲吞麵與小份雲吞麵

　　雲吞份量分為「大蓉」與「細蓉」兩種，在廣東話的口語裡，小讀作「細」，書面語則寫「小」。細蓉（粵拼：sai³ yung⁴）是指小碗雲吞麵，大約有一塊廣東雲吞麵餅與四個雲吞，是解嘴饞很適合的份量；大蓉（粵拼：daai⁶ yung⁴）則是雙倍的份量。

　　雲吞麵於 30 年代由廣州移居者傳入香港，而在香港的商業化發展則離不開廣州「池記雲吞大王」麥煥池。麥家於 50 年代遷港後，雲吞麵在其家族枝繁葉茂的經營下蓬勃發展。例如麥煥池堂兄創立了「麥文記」，次子麥鏡鴻開設「麥奀記」（奀的粵拼：ngan¹），並發展為連鎖品牌；後代亦各自創業，包括長子的「麥奀記‧忠記麵家」、次子的「麥明記」、四女的「麥兆記」。此外，麥煥池的徒弟何釗洪創立了「何洪記」，並榮獲米其林一星。何家第二代接手後，更打造了舒適環境的「正斗」，成為精緻粥麵餐廳的代表之一。

　　麥家各品牌雲吞麵雖然延續了傳統，卻各具特色。「麥奀記」湯底胡椒味較重，餡料無豬肉，僅用蝦與大地魚粉；而「麥文記」的麵最「爽」，店裡還有鮮嫩無渣的韭菜花油菜，每次去必點，店家位置就在澳洲牛奶公司隔壁，有時我會推薦到香港旅行的朋友順便試試這兩家店。

▲上圖為「麥文記麵家」的大地魚湯底，風味甘潤；下圖為「麥奀記雲吞麵世家」的大地魚湯底，胡椒味較鮮明，若未習慣香港飲食裡的海味，較易接受後者。

　　雲吞麵在香港發展的淵源與分支，是不是多到讓人眼花繚亂？當然，除了這些名店，還有更多親民的雲吞麵可嚐。例如，在深水埗這片基層市民的聚集地，可以找到使用竹竿製作鹼水麵的店家，以「竹昇麵」聞名的「劉森記麵家」搭配蝦籽風味，別具港式特色；在中環，也有「沾仔記」能品嚐地道的香港雲吞麵。

Chapter 1 嗅覺・速度與效率

▲ 我實在喜歡麥文記的韭菜花，他們只選最嫩的部位，切成約 7～8 公分長，以油水灼熟後配上豬油與適當調味，入口清甜且鮮嫩無渣，叫一盤都不夠吃。雖然香港到處都有雲吞店，但我特意跑去麥文記吃雲吞時，無非就是為了那碟韭菜花。

話你知

白灼菜〔粵拼：baak⁶ zoek³〕／**油菜**（粵拼：jau⁴ coi³）

白灼菜，即台灣所說的清水燙青菜。而香港人稱的「油菜」，則指在燙青菜的水中加入一勺油的「油水燙青菜」，並非台灣說的「油菜」品種。台灣的「油菜」是白菜型油菜（薹薹），在香港則簡稱菜薹為「菜心」。

邊度食

- 麥文記麵家：佐敦白加士街 51 號地舖
- 麥奀記雲吞麵世家：中環威靈頓街 77 號地下
- 麥奀忠記：中環永吉街 37 號地下
- 麥兆記：天后電氣道 74 號 B 地下
- 麥明記：西營盤皇后大道西 309 號地下
- 沾仔記：香港中環威靈頓街 98 號
- 劉森記麵家：深水埗桂林街 48 號地舖
- 靠得住粥麵：太古康怡廣場北座閣樓 M1 號舖（米其林必比登）
- 何洪記：香港銅鑼灣希慎廣場十二樓（米其林一星）
- 正斗粥麵專家：沙田新城市廣場一期一樓 119 號舖

台灣胃看香港餐桌

煎麵的多重宇宙：
港式肉絲炒麵、潮州糖醋麵
及台式麵線煎

在香港點了炒麵，上桌的卻是一盤淋了芡汁的麵餅？雖然同稱「肉絲炒麵」，對於香港和台灣來說卻是截然不同的料理。

▲左圖是台灣的肉絲炒麵，有著台式炒麵的濕潤特色，帶少許湯汁及豐富配料；右圖是香港的肉絲炒麵：酥脆煎麵餅配上帶芡汁的銀芽炒肉絲（攝於紅茶餐廳）。

　　台灣的肉絲炒麵帶有少許湯汁及豐富配料，微粗的油麵麵條會吸收調味湯汁，炒麵汁均勻地掛在麵條上，麵條濕潤但不軟爛。而香港的肉絲炒麵則是煎麵式炒麵，使用較多的油，將細蛋麵半煎炸成金黃香脆的麵餅，再淋上使用生粉（台灣稱太白粉）勾芡，加入韭黃炒肉絲。一碟肉絲炒麵從頭吃到尾，有著不同的口感：

058

麵條一開始的酥脆如油炸點心麵，待吸收芡汁後，轉變成有如濕式炒麵一般軟滑。

在 40～50 年代的貿易及人口遷移潮之際，蘇滬式飲食也一同落腳香港，並在消費較高的酒樓餐館登場，成為當時十分新潮且流行的食物，並逐漸普及至平價的茶餐廳、冰室及快炒式等較為親民的食肆內販售，爾後出現了「兩面黃」這道淮揚菜。

從宴席式酒樓到追求效率與平價的茶餐廳，這道食物有了不同變化，例如大部分的平價茶餐廳與冰室，為了加快出餐速度，便將兩面煎黃麵餅的步驟，改為更有效率的油炸方式；此外，更將麵餅上的澆頭發展出本地化的風味芡汁，例如風味清鮮的韭黃肉絲炒麵、惹味鹹香的豆豉椒鮮魷炒麵。

▲以鹼水麵團製成的細麵。

　　煎麵餅式的炒麵，該用什麼麵餅製作？例如港式煎麵餅的肉絲炒麵，一般使用風乾至半乾的幼麵（細的鹼水麵），在煎麵餅前需先放入水裡「碌」過後再料理。

　　所謂的「碌」，是在深鍋內加水，待水煮滾後放入麵餅並立即關火，用筷子將浸在水裡的麵餅持續翻動大約三十秒，直至麵條稍稍散開後，以篩網徹底瀝乾水分，並攤開降溫，這個步驟能使麵裡剩餘的水分隨著熱氣蒸發掉，降溫後出現微微黏性。接著，將麵條放入已預熱的油鍋內，使用稍多的油將麵餅半煎炸至兩面金黃香酥，不介意在家開油鍋的朋友，也可使用油炸方式完成，嚐起來更香。

潮州式煎麵餅：糖醋麵

　除此之外，在香港的潮州餐廳，也能吃到潮汕式的煎麵餅料理——糖醋麵，又被稱爲「潮州伊麵」或「糖醋伊麵」，但爲了避免與香港的伊麵混淆，因此多數僅以糖醋麵稱之。

　糖醋麵做法不難，只需使用偏橙色的潮州麵線，加上耐心即可。燒一鍋水煮滾後，放入麵餅，用筷子幫助麵餅軟化後散開，十五秒後立刻用篩網取麵，瀝去帶鹼味的水，此時散開的麵條仍有點硬，將麵條放入平底鍋裡，攤開成麵餅狀，接著在鍋裡倒入大約麵量三分之一的雞湯或上湯，將高湯風味煨煮至麵條內，直至出現黏性爲止。

持續煮至水分徹底消散時，就在平底鍋內加入三湯匙的油，才能使底部變得香脆，另一面保留細麵原本的柔韌與彈性，在麵餅上方加入少許韭黃段，最後耐心地將麵餅底部煎至酥脆即可，與蘇滬式兩面黃不同，潮州糖醋麵的特色之一是只煎單面。

將完成的煎麵餅切成數片，品嚐時只需夾起一片放入碗中，按個人喜好，佐上砂糖及香醋享用，與其說是麵，反而更像餅。

▲糖醋麵通常是單面煎，可搭配白糖與醋一起享用（攝於滿樂潮州）。

台灣煎麵餅料理：麻油老薑麵線煎、茶油麵線煎

在台灣，亦有煎麵餅料理，例如麻油老薑麵線煎，大多是家庭製作，餐館裡較少見到。材料只需長壽麵線一把、老薑片三片，以及一大匙芝麻油與兩湯匙食用油混合。不需額外調味，因為長壽麵線本身就帶有淡淡鹹味，僅需以清水燙熟即可。

燙熟麵線後撈起瀝乾，趁熱用筷子翻攪，讓水分散去並出現微微黏性，鋪平成約一公分厚的圓餅。熱鍋加油，放入老薑片，用油煸薑片至微捲，再放入麵餅。煎麵餅需耐心，等表面白煙稍減再翻面，續煎至兩面金黃酥脆。起鍋前，我習慣在鍋邊輕輕淋上一瓶蓋左右的米酒，待酒香隨著水氣消散且四溢時，方能起鍋。擺盤時，放上幾粒酒漬枸杞裝飾，便是一道樸實的暖補食物。

麵線煎做法多樣，有加入蛋液的雞蛋麻油麵線煎；或拌入細切高麗菜絲與蛋液的高麗菜絲麵線煎；還有用苦茶油替代麻油的苦茶油麵線煎，家家戶戶各有不同的變奏版本。

你不妨也在香港來場「探索煎麵餅」的旅程，例如在茶餐廳試酥脆的肉絲炒麵、潮州餐廳吃糖醋麵。順道一提，在香港的潮州餐廳，分爲休閒熱炒店式的「潮州打冷」，以及偏宴席餐廳類型的「潮州餐廳」，煎麵餅的「潮州煎糖醋麵」要到潮州餐廳才有賣喔。

──港台煎麵餅料理小圖鑑──

蘇滬式兩面黃

將細的雞蛋麵燙熟後瀝乾，鋪平再放入油鍋，兩面皆煎至香脆，淋上有芡汁的菜式做澆頭，拌著吃

潮州式糖醋麵

將鹼水鴨蛋麵餅燙軟後瀝乾，以少許雞湯將麵煮至出現黏性，再用油將單面煎脆，撒上砂糖與醋享用

香港煎麵式炒麵

將鹼水麵餅燙軟，瀝乾後油炸或半炸至酥脆，淋上帶食材的芡汁

台式麵線煎

將長壽麵線燙軟後瀝乾，攤開成麵餅狀，使用薑片和麻油將兩面煎至酥脆

邊度食

銀芽肉絲炒麵
- 紅茶冰室：尖沙咀加拿芬道 18 號恆生尖沙咀大廈地下 5 號舖
- 興華茶餐廳：柴灣興華村二期和興樓 203-204 室（港鐵柴灣站）

潮州糖醋伊麵
- 滿樂潮州餐廳（潮州糖醋伊麵）：尖沙咀彌敦道美麗華廣場一期食四方四樓 405 號舖（港鐵尖沙嘴咀站）
- 德記潮州菜館：西環石塘咀卑路乍街 3 號益豐花園地舖（港鐵香港大學站）

講究牛肉部位的香港清湯腩

香港人吃牛腩，十分講究部位，更講究的店家還會選擇在幼牛時期被閹割的公牛，又稱「騸牯牛」，油花均勻，且不帶羶味。

牛腩細分部位：崩沙腩、爽腩、坑腩

西式肉品定義的牛腩大多只指牛胸腩（Brisket）部位，而港台兩地的牛腩範圍廣泛，包括牛胸（Brisket）、牛胸腹（Plank）、腹脇（Flank），在香港吃清湯腩時，包括了常見的牛腩選擇：崩沙腩、爽腩、坑腩和腩底。

在香港吃牛腩時，最快售完的是崩沙腩，又稱「外裙邊」，是連接著橫隔膜的珍貴部位，上下皆有一層筋膜及一層明顯的脂肪包覆著中間的肉，只要燉煮夠透徹，咀嚼時更能感受到筋膜、脂肪、膠質與牛肉的豐富口感。

「爽腩」又稱白腩，位於牛胸腹部，包覆一層筋膜、膠質與脂肪。肉質軟滑，筋膜則帶些微爽脆口感，因此得名，深受喜愛嫩滑與爽脆交錯口感的饕客青睞。崩沙腩與爽腩，皆適合以小火慢燉方式烹調，清澈的清湯底搭配清甜白蘿蔔，能突顯這兩種牛腩的香氣與口感。

「坑腩」是將靠近牛肋骨的部分去骨後而得的無骨牛肋條，除掉肋骨後會出現一條條的坑，因此得名，表面有一層薄薄筋膜，清燉或紅燒皆宜，由於價格實惠，因此也是家庭料理時常使用的牛腩部位。至於「腩底」，是位於牛腩底部的腹脅部位（請參閱右頁圖），故稱為腩底，無筋、無油且瘦。

牛腩部位因比例稀少而影響到售價，不同部位各有其擁護者。部分店家不將牛腩部位寫在菜單上，只讓老饕們以口頭詢問想要的牛腩部位，有些部位也常在午餐時段後就銷售一空。

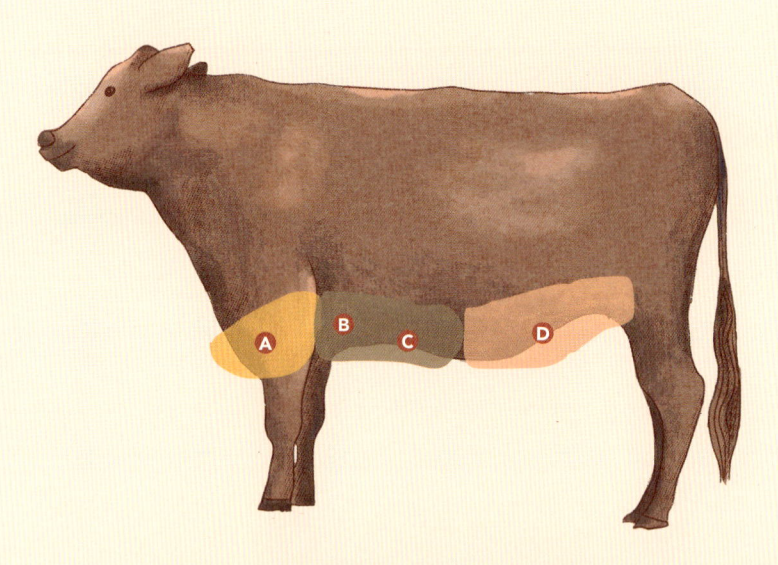

Chapter 1 嗅覺．速度與效率

―― 香港清湯腩的不同牛腩部位選擇 ――

部位	牛胸 (Brisket)	牛胸腹（Plank）		腹脅（Flank）
香港 廣東話	A 崩沙腩	B 爽腩、蝴蝶腩	C 坑腩	D 腩底
台灣 漢語	外裙邊	白腩	牛腩、 無骨牛肋條	腹脅
說明	接近橫隔膜，有筋膜與牛脂滑，又稱「外裙肉」	薄且帶白色的爽脆筋膜，而稱「爽腩」	取出肋骨後留有坑洞，而稱「坑腩」	牛腩尾端肉質偏瘦的部位，也稱「牛腹脅」

067

清湯腩怎麼點？選牛腩部位再選粉麵

許多初次踏進清湯腩店的食客，若菜牌未清楚標明搭配方式，往往不知從何點起。建議可以先想好牛腩部位，例如崩沙腩、牛坑腩、牛爽腩、牛筋、牛舌或牛丸等，再選粉麵，例如河粉、米粉、鹼水麵或油麵。

若你跟我一樣，有時只是嘴饞，想好好品嚐清湯、清甜蘿蔔與牛肉美味，不需要粉麵增加飽足感時，可以只選「淨食」，寫單點餐或告知店員選擇「淨牛丸」、「淨牛腩」。

▲左圖爲牛腩粗麵（攝於旺角／傳承清湯腩）；右圖爲淨牛腩（攝於旺角／傳承清湯腩）。

Chapter 1 嗅覺・速度與效率

▲清湯腩可搭配不同的粉麵,例如河粉、油麵或鹼水粗、幼麵,而我個人稍偏愛粗麵,入口滑溜帶爽(更多香港粉麵介紹請參閱 Chapter2)。

香港特色的清湯牛腩店

正如台灣牛肉麵各有特色,香港清湯腩亦各具風格,如主打每日鮮宰騸牯牛的「傳承清湯腩」和「道生清湯腩」,帶有當歸香的「八寶清湯腩」,以及享譽海外的「華姐清湯腩」和「九記牛腩」外,還有許多清湯腩等待你我發掘。

傳承清湯腩使用騸牯牛,無論是崩沙腩,爽腩,坑腩都能在此品嚐到,不過特定部位,尤其是數量少的崩沙腩,通常在下午兩

台灣胃看香港餐桌

▲左圖為牛腩及牛膀雙拼配米粉；右圖為手打牛丸（攝於旺角／傳承清湯腩）。牛膀〔粵拼：ngau⁴ pong⁴〕：在台灣的說法是指牛脾的部位；牛脷〔粵拼：ngau⁴ lei⁶〕則是指牛舌。

點之前都已售罄。不過，即使特定部位售完，由店家師傅挑選的不分部位混合牛腩，其實也很好吃。

我也喜歡點不含粉麵的淨食，例如在傳承清湯腩單點騸牯牛丸湯，以冬菜與騸牯牛絞肉製成的牛丸，不見冬菜卻散發其鹹香。此外，還有牛膀可選擇。同樣堅持鮮宰騸牯牛的還有「道生清湯腩」，稀少部位每日限量。

還有一間天后站電氣道的八寶清湯腩，湯底裡有著適宜的當歸藥膳風味，十分對我這個喜歡藥膳風味的台灣胃。八寶清湯腩的

▲上圖為牛三寶，包含崩沙腩、爽腩、坑腩，下圖為牛脷（攝於天后／八寶清湯腩）。

070

Chapter 1 嗅覺・速度與效率

　　店內也有供應不同部位的牛腩及厚切的牛腒。售價比其他牛腩店稍微高一點，但以整體來看，我認為仍值得嘗試，不僅牛腩份量給得大方且霸氣，又能嚐到淡淡當歸風味的藥膳湯。

　　在電氣道上，還有另一間馳名海外的「華姐清湯腩」總是大排長龍，菜牌上雖無標示特定的牛腩部位，但只要出聲詢問，若有就會供應，當然，稀少的部位盡量請早，以免向隅。順帶一提，華姐清湯腩店內有款用雞骨草煲製的涼茶，在夏日裡點一杯，清爽回甘又降暑。

▲左圖為傳承清湯腩，可配粉麵或點淨牛腩，但特定部位售完就不能指定；右圖為店家自煮涼茶─雞骨草，降火一流，排隊後來一杯正好！（攝於天后／華姐清湯腩）。

從「香港清湯腩」與「台灣清燉牛腩」看港台飲食差異

在台灣，雖然也有突顯牛肉風味的清燉牛肉，但與香港的清湯腩仍有不同，台式清燉牛肉的中藥香料比例稍多，湯裡的油脂也更豐富，會加紅白蘿蔔。至於香港清湯腩，通常會撇除表面油脂，經長時間煲煮，讓風味徹底滲入湯中。由於煲煮時間較長，食材多以原件或大塊狀直接入鍋，例如牛腩和白蘿蔔。有些店家則在燉煮後再將牛腩與蘿蔔切塊盛裝。此外，在香港，肉與蘿蔔通常切得更大塊，而台灣則傾向切成更適合入口的小塊。

▲左圖為清湯腩，在香港還會使用柱侯醬來烹調柱侯牛腩，如右圖（柱侯醬請參閱 Chapter2）。

- 傳承清湯腩：旺角廣華街 2-20 號翠園大樓 2 期地下 6 號舖
- 道生麵館：北角英皇道 560 號健威坊 LG 樓 L15 號舖
- 華姐清湯腩：天后電氣道 13A 號地舖
- 八寶清湯腩：天后電氣道 124 號榮華大廈地舖
- 九記牛腩：上環歌賦街 21 號

香港街頭小吃

香港街頭小吃價格親民且環境簡樸,無論是站在街邊快速解決一餐,還是坐下用餐後匆匆離去,人們來這裡都是為了用最快的速度、最實惠的價格填飽肚子,然後繼續投入忙碌的生活。

魚肉燒賣:與飲茶燒賣有別的平價燒賣

燒賣在許多地方都有不同的特色與發展,例如在台灣基隆廟口能見到台灣版本的燒賣,我也曾在上海出差時嚐過包入糯米餡的燒賣,燒賣本身就是一款多變的美食。

──不同特色的燒賣小圖鑑──

香港魚肉燒賣	香港茶樓燒賣	台式燒賣與台灣港式燒賣	上海燒賣
魚肉與澱粉製成的魚肉燒賣，高比例的澱粉帶來彈牙口感	飲茶時的各種燒賣，有較高比例的肉餡與豬肥肉，口感香滑	台式燒賣的外皮較厚，配料與燒賣皮變化多，肉餡口感偏扎實	上海燒賣是將調味過的糯米飯包在燒賣皮裡，並包成煎錐形狀後再蒸熟

在香港，燒賣分為街頭小吃與茶樓點心。魚肉燒賣是市井代表，以魚肉與大量澱粉製成雪白彈牙的內餡，價格親民。就如台灣的阿舍宴有布袋雞，卻不會出現鹽酥雞等小吃，同理，香港茶餐廳不供應蒸籠點心，而飲茶點心也不包括街頭的魚肉燒賣。因此，可別因為「燒賣」二字，就誤認為它是「港點」喔！

以往的魚肉燒賣是蒸熟後用竹籤串成一串，刷上豬油，再搭配甜豉油和辣椒油食用。隨健康意識提升，豬油逐漸被省略。如今，除了街邊小吃店，許多小食部（小吃店）和7-11也提供這款小吃。我有時也會跟著人潮去熱門的小吃店嚐鮮，例如位於長沙灣金華美食及的周記醬料店，就有販售手打魚肉燒賣，就算要排隊一下都甘願，拿到熱騰騰的彈牙魚肉燒賣後淋上醬，就站在街邊吃。

Chapter 1 嗅覺・速度與效率

▲左圖爲黃皮白肉的魚肉燒賣，屬於街頭平價小吃，通常搭配甜豉油和辣椒油一起享用（攝於旺角／多寶美食）；右圖爲周記醬料店向專門手工製作魚肉的業者訂購的魚肉燒賣，在店內搭配自家醬料一同販售，除了蒸的方式，亦有炸魚肉燒賣（攝於長沙灣／周記醬料店）。

魚肉燒賣還有一種「邪惡」吃法，便是油炸版的魚肉燒賣。雖非傳統吃法，卻令人無法抗拒。我第一次嘗試油炸燒賣，竟是在尖沙咀的「嘉寶漢堡」，他們家除了主打漢堡，還提供酥脆的油炸魚肉燒賣，誰能抵擋油炸食物的誘惑呢？

燒賣油炸後的外皮酥脆，內餡則保留了魚漿彈牙的口感，撒上鹹香的胡椒鹽，咬一口便能感受香氣四溢。更邪惡的是，餡料還

▲魚肉燒賣的內餡含有較多澱粉，油炸後會變得蓬鬆，撒上胡椒鹽簡直無敵，而加入芫荽的炸燒賣則更有特色（攝於荃灣／蒸蘆）。

075

有不同變化,例如我在蒸籠點心專賣店——蒸蘆,吃過加入芫荽的油炸香菜魚肉燒賣。炸得金黃酥脆,再配上椒鹽,對於熱愛香菜與油炸食物的人來說,可謂「邪惡之最」。

沒有豬腸的豬腸粉:混醬豬腸粉

豬腸粉這名字裡有「豬腸」二字,卻與豬腸毫無關聯。其製作方式是以米漿蒸製成薄薄的粉皮,不加任何內餡,直接捲成長條狀,再切成約 4～5 公分。剖面層次分明,彎曲如九轉肥腸,因而得名「豬腸粉」,切段後的豬腸粉得淋上暗紅的甜醬、淺棕的花生芝麻醬和深褐的豉油,再撒上一層芝麻,就是評價實惠的街頭小吃——混醬腸粉。

▲混醬豬腸粉切成段後,淋上混合少許花生醬的芝麻醬、風味偏甜的紅色的甜醬、以及加入蔥段與糖煮過的甜豉油。

Chapter 1 嗅覺・速度與效率

▲左圖為合益泰小食的豬腸粉,芝麻醬裡混有豬油香是這家店的特色,還能拼魚肉燒賣(攝於合益泰小食);右圖為混醬腸粉裡添加的芝麻醬,質地絲滑且呈流動狀,與台灣芝麻醬十分不同。

深水埗的合益泰小食的豬腸粉,也令我驚豔,上桌時已加入芝麻醬和少許香味十足的豬油,顧客可自行再淋豉油和甜醬。合益泰小食生意極好,入內用餐需有與他人搭檯_{話你知}的心理準備,也要記得盡量「快食快離」,避免用餐後還坐著聊天,這是香港小吃店用餐的節奏。

話你知

搭檯／搭枱〔粵拼:daap³ toi²〕:
在香港的平價食肆或小店用餐,為求效率,若有空位,店家會安排陌生顧客共用餐桌,這情況稱為「搭檯／搭枱」,正式餐廳則不會有搭檯的情況。搭檯在台灣稱「併桌」,不過在台灣會盡量減少併桌情況。過往不習慣與陌生人共桌用餐的我,在香港久住後也適應了。

生菜魚肉：港式魚漿製品的街頭版

　　生菜魚肉的「魚肉」並非指魚片或魚塊，而是魚漿製品。這道小吃屬於清湯類，風味清甜的湯裡浮著幾塊看似台灣肉羹的魚肉，和幾片爽脆的唐生菜（台灣俗稱大陸妹）。乍看之下，彷彿像台灣肉羹配清湯，但風味可不相同，只要細品，便能感受這款魚肉小吃的的特殊口感。

　　香港也使用繁體字，但有許多詞彙與台灣有所差異，同時，香港人很習慣在日常對話裡穿插英語，而較少使用外來語的同音漢字，外地人如我，至今仍有詞不達意的時候，或因兩地用詞差異而感覺混淆的情況。例如，在香港會將唐生菜簡稱為生菜，但在台灣說生菜，則泛指生食蔬菜（生菜沙拉）。而台灣說的沙拉，在香港則稱沙律（salad）。是不是很像繞口令呢？為幫助讀者們

▲香港的生菜魚肉搭配爽脆的唐生菜，乍看就像台灣肉羹配清湯蔬菜。

理解，以下將生菜的港台用詞差異整理成表，更一目瞭然：

——關於「生菜」的港台用詞差異——

蔬菜種類	香港廣東話	台灣漢語
做沙拉（salad）使用的葉菜類	沙律菜	生菜
半結球萵苣的品種	唐生菜、生菜	唐山萵苣、大陸妹（俗稱）

羹湯式小吃：沒有魚翅的碗仔翅

美國社會學家托斯丹‧邦德‧凡勃倫（Thorstein Veblen）在經典著作《有閒階級論》（The Theory of the Leisure Class, 1899）中提到，飲食與文化往往隱藏著階級符號。

確實，社會上存在階級之分，即使誰自認超然，對虛榮不屑一顧，卻能發現大部分的平價商品，總脫離不了對上流階層流行元素的模仿與追隨。諷刺的是，當原本稀有的象徵變得普及，便從追隨模仿轉為輕視。

比如，曾經象徵富裕的魚翅羹，隨著人們對美好生活的嚮往，而催生出平價版的「碗仔翅」。碗仔翅以粉絲仿製魚翅，添入冬菇絲、雞肉絲，佐以生抽、老抽調味，再勾芡成琥珀棕色的羹湯。

碗仔翅是便宜且飽腹的解饞之選，在香港飲食裡的定位裡，碗仔翅屬於街頭小吃，就類似台灣小吃——麵線羹的定位，並不歸類於正餐及宴席菜。

正如世界各地對階層符號的矛盾態度，有人視碗仔翅難登大雅之堂，有人因階層隱喻避談喜愛，也有人因健康考量而少吃。食物的階級象徵或許源於群眾意識，從街頭吃到精緻餐飲（fine dining）的人，也明白先吃懂當地小吃及各種飲食，才能體會精緻化後的差異。創意不只是拼湊，飲食亦承載無形內涵。願意支付更高價格的客群多屬有閒階級，不僅追求美味體驗，更重視文化價值。

製作羹湯從勾芡便能得知細節，勾芡為中餐基本功，芡水比例、澱粉與溫度皆重要。例如樹薯澱粉（木薯）及生粉（太白粉）在糊化後的透明度，會比粟粉（玉米粉）更顯透明。溫度也重要，分次入倒芡汁可免降溫過快，使芡汁清澈，化為流動性佳、清澈如琉璃且光亮絲滑的「湯羹芡」。

若未能掌握勾芡技巧，羹湯便會混濁、黏稠又漿口。我找到一間滿喜歡的碗仔翅，是在葵涌廣場大樓內地面層的「孖寶車仔麵」，他們的碗仔翅，呈現透明的琥珀色，味鮮卻不混濁，不過，我總會叫一碗「兩溝」。在那家店裡，能嚐到車仔麵、碗仔翅、生菜魚肉、兩溝及豬腸粉等小吃。

兩溝：碗仔翅配魚肉，乍看真像台灣的肉羹湯

　　前文提及的碗仔翅及生菜魚肉，若想兩種都吃，就選擇「兩溝」，將碗仔翅與生菜魚肉的魚肉混合在一碗裡，乍看就像台灣的肉羹湯，既有粉絲羹湯的濃稠感，又有魚肉（魚漿）的飽足感，一次可以品嚐到兩種美味。

▲左圖為碗仔翅；右圖為碗仔翅羹湯配魚肉，點餐時跟店員說要「兩溝」即可。

葵涌廣場掃街去：香港室內版的港版夜市

　　近年來，香港才在廟街出現類似夜市的小攤集聚，但勾不起我的興致，如果想走平價的掃街小吃行程，我更偏好去室內版本的「葵涌廣場」，它的外觀雖是一棟大樓，踏進去後彷彿進入台北西門町的萬年大樓裡，除了販售服飾及各種日用品外，還有如夜市般密集的各式小吃，這是室內版本的香港夜市。

▲葵涌廣場的大樓藏有各種平價小吃，地址是葵芳葵富路 7-11 號（葵芳地鐵出口右手邊大樓）。

魚蛋：咖哩陳皮魚蛋

講究的傳統香港魚蛋會選用陳皮再混合魚漿製成，直徑約 2 公分左右的小型尺寸。咀嚼時，除了魚肉與調味的鹹香，還能感受到陳皮的清香。不過，由於陳皮價格逐年攀升，許多街頭小吃店為了控制成本，漸漸改用不含陳皮且尺寸較大的普通魚蛋來製作咖哩魚蛋。

咖哩魚蛋的烹調方法有兩種：一種是將魚蛋放入混合咖哩醬和白蘿蔔蓉中燉煮，另一種則是在水煮魚蛋後淋上混合咖哩和白蘿蔔蓉的醬

▲左圖是將魚蛋放入咖哩汁裡燉至入味；右圖是將水煮後的魚蛋後淋上又甜又辣的咖哩醬汁。

汁。在港台兩地，同樣是「魚蛋」一詞，卻代表不同食材，在香港稱「魚蛋」，在台灣則說「魚丸」；而台灣人提到「魚蛋」，大多時候會聯想到魚卵，台灣說的魚卵或魚蛋，在香港則被稱為「魚春」。

魚肉燒賣店家

- 合益泰小食：深水埗桂林街 121 號地舖（港鐵深水埗站）
- 金華美食：長沙灣昌華街 20 號金華閣地下 1 號舖（港鐵長沙灣站）
- 周記醬料：長沙灣元州街 413 號地舖（港鐵長沙灣站）
- 孖寶車仔麵：葵涌廣場地下 A15 號舖（港鐵葵芳站）
- 多寶美食：旺角水渠道 30-32A 號美星樓地下 10 號舖
- 駿運士多（新址）：觀塘觀點中心地下 G02 號舖（港鐵觀塘站）

乾炒牛河與濕炒牛河

與老友巧莉的友誼走了很久，我們總是各自忙碌，卻互相牽掛，雖從不以閨蜜稱呼彼此，但她仍佔據了我心中最精華的地段，不黏膩的相處是我們對彼此生活的尊重和體貼。因為擁有深厚的友誼存摺，久未聯繫後的相聚，仍像剛炒出來的乾炒牛河，每一口都熱氣騰騰、鑊氣撲鼻，但質地乾爽。

她每次來香港，總會約我吃飯，每當我問她想吃什麼，她永遠只選乾炒牛河。我的回答也總是：「妳確定？」即使心裡已經想好了幾家餐廳，最終還是會陪她一起吃一盤乾炒牛河。近幾年裡，我們屈指可數的敘舊，都在乾炒牛河的香氣中度過。

那日她到香港散心，我又帶她去吃乾炒牛河。棕色亮澤的河粉加上脆口銀芽以及香氣打亂了我們的話題。吃完後見到盤底乾淨無餘油時，我說：「牛河做得好，不只要鑊氣足，妳看，河粉油亮卻乾爽，吃完後盤底無餘油的樣子，就像……我們的友誼。」

「現在是怎樣？實境秀的真情告白？」
「真情告白是……我們下次去吃別的好嗎！」

乾炒牛河：從酒家到茶餐廳，香港各角落的經典味道

在香港，無論是偏正式餐廳的茶樓及酒家、江湖氣息濃厚的大排檔、專營粥麵的小店，或是快速平價的茶餐廳，都能找到乾炒牛河的蹤跡。與朋友嚐過不同餐廳對乾炒牛河的演繹後發現，炒河粉需使用較多的油，若油量不足則滑度不夠，以烈火將河粉炒出香而不焦的鑊氣，有鑊氣只是基本，吃完後觀察盤底是否無多餘的油，便能判定師傅的功力。

到底是「乾炒牛河」或「干炒牛河」？

正確書寫為乾炒牛河，不過香港餐飲業從早期保留的手寫紙條落單方式，為求便利，因此經常有各種簡化寫法，例如凍檸茶寫成 COT、韭菜寫成九菜、乾炒牛河寫成干炒，故無論寫為「乾炒」

或「干炒」都能見到。由於過往習慣以手寫單爲顧客點餐的方式，到餐廳點餐時，只需告訴侍應「唔該，寫嘢。」就可以了。

話你知

寫嘢〔**粵拼**：se² je⁵〕：
在香港，要求服務人員點餐時，請說「唔該，寫嘢！」這是「不好意思，我要點餐」的意思，香港以往的老店習慣手寫單爲顧客點餐，「寫嘢」是指寫東西的動作，而在餐廳食肆的場景裡，寫嘢就成了點餐的意思。

Chapter 1 嗅覺・速度與效率

乾炒牛河的河粉：湯用與炒製用河粉皆有支持者

烹調乾炒牛河時，依據不同師傅的偏好各有慣用的河粉種類，所以在香港的傳統粉麵行購買河粉時，有「湯用河粉」及「炒製用河粉」，但有趣的是，湯用與炒製用河粉分別都受到中餐師傅與不同食客的青睞。

湯用河粉較薄且更透明，原料包括米與修飾澱粉，白色半透明，優點是口感滑嫩且易吸收調味，質地更接近台灣粿條。一般使用湯用河粉作乾炒牛河時，盡量以翻鍋的方式快速炒動，避免河粉破裂。

▲ 使用米與修飾澱粉製作而成的河粉（更多粉麵介紹請參閱 Chapter2）。

炒製用的河粉稍偏厚,米的比例更高,色澤更偏不透的白,質地較接近台灣客家粄條,也更適合做港式炒粉麵。使用炒用河粉時,則需要加強調味,以彌補其較難吸收調味料的特性。師傅們會根據使用的河粉質地,靈活地調整烹飪細節,因此在不同餐廳品嚐到的乾炒牛河,也悄悄地展示出各家特色。

▲各家師傅在炒製乾炒牛河時各擁其所好,根據湯用或炒製用河粉調整烹調手法及風味,因此不同餐廳中的乾炒牛河,皆有各家特色。

濕炒牛河：菜遠牛河及潮州沙嗲牛河

除了乾爽的乾炒牛河，濕潤的濕炒牛河也受到許多人喜愛。與乾炒牛河的做法不同，需將河粉與配料分開炒製後再組合，但在香港比較不會特意說出「濕」炒這個名稱，而是以河粉料理的「款式」做區分。例如：瑞士汁炒牛河、菜遠牛河及潮州沙嗲河粉，皆是將河粉單獨炒至有鑊氣後裝盤，再淋上醬汁的濕式型態炒牛河。

▲左圖為乾炒牛河，加入配料與調味料，將河粉炒至上色並出現鑊氣；右圖為濕炒牛河，將河粉單獨炒至有鑊氣後裝盤，再淋上濕潤醬汁。

如何製作乾炒牛河？

將牛肉片放入大碗裡，以生抽、老抽、薑汁、料理酒、白胡椒、小蘇打粉、少許水，快速地以「打水」的方式攪拌至牛肉吸收水分，接著加入少許生粉（台灣稱太白粉）及油再攪拌至出現些許黏性，

放置一旁稍作醃漬,另一頭則準備銀芽、蔥白、韭黃段等配料。

所有材料準備就緒,站在爐台前,準備一氣呵成地炒河粉,不只手忙,連鼻子也一刻不得閒。先在燒熱的中式炒鍋中倒入油,等待溫度上升後,將醃好的牛肉快炒至半熟後盛出備用。接著,加入更多的油,並將火力調整至最大,以猛火爆炒蔥段、韭黃和河粉,炒至蔥段與河粉出現香氣,河粉邊緣會出現微焦的燶邊(梅納反應後的焦邊),並趨近半透明。

此時加入生抽,並將半熟牛肉放回鍋中,與河粉一同翻炒,接著再加入老抽,老抽接觸到火熱的鍋,瞬間煙霧騰起,撲鼻的梅納反應釋放出略帶醬香與焦糖的氣息,此時一刻不能慢,迅速以猛火翻炒河粉至掛色,完成後,再下韭黃及銀芽做最後翻炒就完成了,而部分店家,會在最後淋上少許豬油增香。

▲左圖為乾炒牛河,右圖為變化版本的乾炒豬肉雜菜河粉。

Chapter 1 嗅覺・速度與效率

▲搭配乾炒牛河和炒麵的香港辣椒醬,通常是這款偏橙紅色的辣椒醬,鹹中帶微酸及辣,以辣椒、醋及澱粉製成(更多香料醬料介紹請參閱 Chapter2)。

乾炒牛河的做法「說起來」確實不難,真正的難題是火候的掌握,在家做的成品,不是少了鑊氣,就是有了鑊氣卻盤底過油,這也是我總樂於尋求專業,在店家享用乾炒牛河的原因。對了,吃的時候記得加一點香港本地的辣椒醬,更對味喔!

如何製作濕炒的菜遠牛河?

製作菜遠牛河的第一步是預先炒香河粉。熱油鍋,加入河粉、蔥段和洋蔥,炒至河粉呈半透明狀態,接著加入芽菜,炒至斷生後取出裝盤。也有一些做法於這步驟時,會在河粉上淋上少許打散的蛋液,藉由蛋香為河粉增添香氣。

何時進入第二步？用鼻子判斷，聞到河粉在油鍋中加熱後出現的香氣，這時取出河粉後裝盤，接著用原鍋製作帶汁配料。將已醃漬過的肉片入鍋炒香，加入預先燙熟並瀝乾的菜心，調入生抽和蠔油，倒入約為河粉一半份量的高湯或水。煮滾後攪動至醬汁至呈現稠度，再淋在已裝盤的河粉上。上桌後，食客自行拌勻就能享用。

▲ 左圖為濕炒的荣遠牛河；右圖則為濕炒的瑞士汁炒牛河（攝於中環／太平館）。

潮汕風味的濕炒牛河怎麼做？

　　而潮汕式沙嗲牛河的做法，第一步是預先炒香河粉，首先熱油鍋，將河粉放入鍋中炒香，接著加入打散的蛋液，炒至雞蛋與河粉的香氣釋放出來，加入生抽及一勺水，翻炒至河粉上色，呈現淺褐色狀態後即可裝盤。

　　此時進行第二步備料：切好紅蔥末及蒜末、預先稍燙過的芥蘭菜心及已醃漬的牛肉片，然後準備粟粉（台灣稱玉米粉）及水，以1：3比例調成勾芡水放置一旁，另外還需要沙嗲醬、蠔油。

再次熱油鍋,此次油量稍多,將牛肉片炒至五分熟後取出,接著在原鍋內加入洋蔥絲、蔥、蒜及沙嗲醬,炒至出現香氣後,加入煮滾的高湯或水,以及蠔油煮滾。待湯汁沸騰之際,放入半熟的牛肉片翻炒拌勻,同時倒入方才調好的勾芡水,炒至湯汁逐漸變得濃稠,這時將已燙熟的芥蘭菜心入鍋,一同炒至裹上醬汁後便完成,最後淋在河粉上,上桌後,客人才將醬汁與河粉自行拌勻食用。

除了乾炒牛河,我推薦各位也試試濕炒牛河的魅力。若想一次試嘗試乾、濕版本,可前往懷舊的港式西餐廳——太平館餐廳,乾濕兩種的炒牛河都有提供:乾炒牛河及瑞士汁炒牛河。太平館

▲潮汕風格的潮州沙嗲濕炒牛河,沙嗲醬下方的河粉先與食材及蛋一起炒香後,再淋上沙嗲醬享用(攝於太子／陳儀興尚潮樓)。

將自家豉油西餐特色的「瑞士雞翼」的醬汁，做成了濕炒式的瑞士汁炒牛河。而同樣是濕炒的茱遠牛河，在部分茶餐廳、酒樓也能找到。若想試試潮州風格特色的濕炒牛河，在太子道有間位於三級歷史活化文物大樓地面的潮州餐廳——陳儀興尚潮樓，也有供應濕炒的潮州沙嗲濕炒牛河。

邊度食

乾炒牛河

- 紅茶冰室：尖沙咀加拿芬道 18 號恆生尖沙咀大廈地下 5 號舖
- 何洪記粥麵專家：銅鑼灣希慎廣場十二樓 1204-1205 號舖
- 太平館：銅鑼灣白沙道 6 號地舖
- 金碧酒家：彩虹綠柳路 8 號彩虹村金碧樓 22 號地舖
- 利苑酒家：ELEMENTS 圓方水區二樓 2068-70 號舖（港鐵九龍站）
- 蓮香居：香港上環德輔道西 46-50 號二～三樓
- 新景園咖哩小廚：灣仔春園街 20 號地舖

濕炒瑞士汁炒牛河

- 太平館：銅鑼灣白沙道 6 號地舖

濕炒茱遠牛河

- 大喜茶檔：上環華里 7 號地舖

濕炒潮州沙嗲牛河

- 陳儀興尚潮樓：太子道西 177-179 號地下及一樓（港鐵太子站）

茶餐廳不是飲茶吃點心的場所,那麼在茶餐廳吃什麼?

在香港生活後,因為時間稀缺,我減少了烹調食物的頻率,忙碌時常選擇上餐快且價格實惠的食肆,例如:粉麵店、平價快餐、冰室與茶餐廳或燒臘。而茶餐廳,更是「想不到吃什麼」時,快、靚、平的抵食選擇。

抵食(粵拼:dai² sik⁶)是指高性價比、高 CP 值、划算、值得的意思。「今日 lunch 食果間,好抵食!」(今天午餐吃的那間好划算喔)抵食是廣東話口語,口語說「抵食」,書寫則是書面

語「實惠」，但書寫字通常比較不生動，抵食的意境比較接近台灣台語說的「俗又大碗」。至於「平（粵拼：peng⁴）」則是便宜的意思，在香港廣東話的口語會說「好平」。

茶餐廳不是飲茶的地方，不供應港式點心喔！

飲茶的文化不在茶餐廳，因為茶餐廳是快速吃飯的地方，飲茶的用餐場域則可以安心放慢節奏，不會感受到被催促，兩者有著截然不同的用餐體驗。

在台灣，過去常有人將「飲茶」與「茶餐廳」混淆，一是因為皆有「茶」字而形成了美麗的誤會。其次則是更早期移民台灣的移居者，在台灣經營港式茶餐廳時，為了一解鄉愁，便在菜單裡集結各種香港飲食以拯救人們的思鄉胃。

身為異鄉人，我也十分理解為何會有這樣的組合，因為在海外也會有集結各式台灣飲食的餐廳，在台灣，原本分別要前往小吃店、麵館、夜市裡才能吃到牛肉麵、滷肉飯、鹽酥雞、蛋餅及大腸包小腸，但在海外，通常全被集結在同一間台式餐廳裡，就像主題樂園一樣。

既然茶餐廳不是飲茶，那麼茶餐廳到底吃什麼？

由中到西,從正餐、小點到糕餅,茶餐廳應有盡有

茶餐廳講求「快、靚、平」,俐落的服務方式常使外地人解讀為「服務兇」,當然,若不幸遇到惡劣店員另當別論,但事實上在香港只要「唔阻住人(不擋住人)」,大家便會互相尊重。阻住人,就像開車上高速公路上卻慢駛,就像該講重點時卻過於委婉拖沓的令人不耐。正如以往我在台灣總說「不好意思」,如今在香港,我則改說「阻你一陣」(打擾一下)。

在香港生活,若想「快、靚、平」的搞定一餐,就去茶餐廳吧!茶餐廳供應品項繁多,從中到西應有盡有,從融合東西方元素的豉油西餐,例如中西融合式的意粉、焗烤、鐵板扒與小吃。也有西式早午餐、英式炸魚薯條、漢堡及炸雞。更有東方的中菜碟頭飯、中式麵飯,例如乾炒牛河、雪菜肉絲米粉。自有烘焙部的茶餐廳則有供應蛋撻及菠蘿包,有些甚至兼賣燒臘。

除了主餐牌之外,也有不同時段的優惠,例如在下午兩點至五點的時段,就有融合英式下午茶及港式飲食偏好的「下午茶餐」時段(常簡稱為「茶餐」或下午茶),這時段的套餐份量少,但價格實惠。沒頭緒時,只需前往茶餐廳,就能在龐大的菜單內容裡,找到想吃的食物。想了解更多茶餐廳的餐點,可以參考下頁圖表,一次了解融匯東西方飲食的茶餐廳菜單結構。

茶餐廳餐點小圖鑑

中式碟頭飯	中西融合意粉與粉麵	麵與飯
例如滑蛋叉燒飯、滑蛋蝦仁飯、咖哩飯、豆腐火腩飯、粟米肉粒飯	例如叉燒湯意粉、黑椒牛柳炒意粉、餐蛋公仔麵、沙嗲牛湯通粉	例如乾炒牛河、肉絲炒麵、炒飯、炒米、雪菜肉絲米

西式餐點	小吃與麵包	飲品
例如全日早餐、吉列魚炒蛋餐、鐵板扒餐、炸雞、炸魚薯條、薯條	例如法蘭西多士、菠蘿包、菠蘿油、公司三文治、蛋撻、牛角包	例如奶茶、咖啡、檸檬咖啡、檸檬茶、杏霜、西洋菜蜜、檸檬水、阿華田

Chapter 1 嗅覺・速度與效率

―― 茶餐廳菜單結構 ――

菜單	主餐牌 A LA CART			
分類	平價西餐及豉油西餐	中式粉、麵、飯	小食	包餅糕點
常見品項	吉列魚、全日早餐、豬扒或雞扒炒蛋配沙律、中西融合式的意粉,或是湯意粉等	星洲炒米、炒貴刁、乾炒牛河、肉絲炒麵、各式炒飯,部分茶餐廳有供應燒臘	漢堡、炸魚薯條、三文治、炸雞髀、蜜糖雞翼、薯條等	菠蘿包、蛋塔、麵包等

―― 茶餐廳的供餐選項 ――

菜單	各時段優惠套餐				常餐	特餐
分類	早餐	午餐	下午茶	晚餐		
常見品項	不同時段的優惠套餐選擇,通常會附上飲品及湯				提高點餐速度,便可快速出餐,並加快翻桌速度	不定期推出的短期餐點

話你知

餐牌〔粵拼:caan¹ paai⁴〕:台灣稱菜單
雞髀〔粵拼:gai¹ bei²〕:台灣稱雞腿
意粉〔粵拼:ji³ fan²〕:台灣稱意大利麵
烤焗〔粵拼:haau¹ huk⁶〕:台灣稱焗烤
公司三文治〔粵拼:gung¹ si¹ saam¹ man⁴ zi⁶〕:台灣稱總匯三明治

提升翻桌速度的常餐

茶餐廳雖有著豐富多樣的菜單,但其中有一項承擔著「高速供餐」的重要角色,便是「常餐」。各家茶餐廳的常餐略有不同,但總能展現茶餐廳東西交融特色:叉燒湯意粉、火腿湯通粉或公仔麵,再配上一碟擺著牛油多士、炒蛋或煎蛋。常餐或許稱不上是驚艷的美食,但快速、飽足、不拖延是它的使命,也提高了茶餐廳的翻桌率。

▲ 茶餐廳的常餐組合,通常是一份粉麵+炒蛋/煎蛋+牛油多士,附上一杯飲品(攝於佐敦/澳洲牛奶公司)。

Chapter 1 嗅覺・速度與效率

── 常見的茶記「常餐」粉麵主食 ──

| 叉燒湯意粉 | 火腿湯通粉（俗稱火腿通） | 沙嗲牛公仔麵 |

| 餐肉煎蛋公仔麵（俗稱餐蛋麵） | 雪菜肉絲湯米粉（俗稱雪菜肉絲米） |

話你知

多士〔粵拼：fong¹ baau¹〕：台灣稱烤吐司
方包〔粵拼：fong¹ baau¹〕：台灣稱吐司

在香港，多士（Toast）和英文用法一致，指烘烤過的方形麵包。而未烘烤過的則稱為「方包（Bread）」，但在台灣，即使是未烘烤的方形麵包也能稱為「吐司」。

茶餐廳的光速反映香港生活的快節奏

　　提到澳洲牛奶公司,外地人都是為了體驗他們的上餐速度而特地前往,並形容為「光速餐」,事實上能光速供餐的不只是澳洲牛奶公司,香港大部分的茶餐廳與冰室皆為「快、靚、平」的服務特色,因為茶餐廳的急促是因應香港繁忙的日常而生。香港人說:「唔駛急,最緊要快」不必急,最重要是快啊!走路快得像飛,卻不是跑,速度飛快,卻不急。雖然香港的運轉非常高速,卻見不到慌張的畫面,尤其是職場。

NOT URGENT BUT QUICK

**唔駛急
最緊要快**

　　對於不熟悉香港節奏的旅客來說,前往茶餐廳、冰室和粉麵店這些快餐型食肆,可能會感受到急促的氛圍。平時會到茶餐廳用餐的本地人,無非想追求快速解決一餐,因此到香港平價及快餐型的小店用餐時,需有與陌生人「搭檯(併桌)」的心理準備,更避免在用餐後繼續坐著聊天,得主動離座。

港台文化差異話你知：關於「體貼」的展現方式

如果說，台灣的體貼是放慢步調，以及避免給他人添麻煩，那麼香港的體貼則是加快速度，並且唔好阻住人（別擋住人）。兩者同樣出於體貼，表現方式卻截然不同。

香港生活節奏如同在高速公路上開車，需保持速度。例如在地鐵或 7-11 結帳時，若八達通失靈，往往會迅速「彈開」，讓後方通行。對台灣人而言，初到香港常需「上緊發條」以適應快節奏。

香港人溝通重視效率，能直述便不鋪陳，以免浪費彼此時間。有時話說半句即止，雙方便立即領會，不過，在複雜的社會與江湖上，即使說話直接，但仍會盡量修辭，以免得罪人或被借題發揮。而台灣人溝通則優先照顧他人感受，習慣有較多前因後果的說明，也會盡可能使對方感受到「情緒價值」，且為避免對方感覺被否定，而衍生更詳盡的解釋，以求理解。

因節奏不同，兩地的體貼表現有別。不過，溝通仍會因族群與性格的差異而有分別，很難一概而論。文化的差異無分優劣，一旦面對文化衝擊時，盡量避免預設惡意存在，改為因地制宜即可。

台灣胃看香港餐桌

▲ 香港的 7-11 的特色是店面小、人流密集,因此日常通勤與午休時段會拿出「快禮貌」,以八達通快速結帳,避免猶豫而擋住後面的人。連香港本地人都得加快步調,若遊客在繁忙時段於茶餐廳或 7-11 這類「快場所」慢條斯理的話,回饋如何,便可想而知。

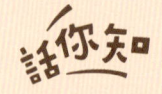

話你知

七仔〔粵拼:cat1 zai²〕:台灣稱 7-11、便利商店、小七
Circle K / OK:台灣稱 OK 便利商店
八達通〔粵拼:baat³ daat⁶ tung¹〕:「八達通香港地鐵卡」類似台灣的悠遊卡,可當成交通卡及購物付費,在香港街市(傳統市場)的部分攤販也能使用

104

日本有和風洋食，
香港有豉油西餐

香港有許多融合菜式（fusion cusine），尤其是深具香港特色的「豉油西餐」，雖然名稱有「豉油」二字，如今已不限於使用豉油的西餐，大概就像日本「和風洋食」的概念，使用西式食材再結合東西方的烹飪手法，巧妙融合成屬於香港本地特有的風格。

當甜醬油遇上進入西餐廳：瑞士雞翼

早期的西餐廳發展出多款豉油西餐，既符合鬼佬（佬字通常指男性，在台灣通稱外國人）的飲食習慣，也迎合本地人的口味偏好，例如瑞士雞翼，最初於太平館餐廳誕生，雖然「瑞士雞翼」的稱呼帶點洋味，實際上卻與瑞士無關。許多早期在西餐廳才有的菜式，隨著經濟發展及西化飲食的普及後，也進入了平價冰室及茶餐廳的菜單內。

瑞士雞翼的製作方法是將雞翼浸入「瑞士汁」滷製。瑞士汁的材料包括生抽、老抽、紹興酒、冰糖、丁香、肉桂、八角及月桂葉做成棕黑色的濃厚滷汁，帶有焦糖甜香味，能讓滷過後的雞皮呈現誘人的油亮黑色。

台灣胃看香港餐桌

　　一口咬下時，首先會感覺到吸飽雞皮瑞士汁的香甜，以及滷製後的雞皮膠質帶給嘴唇的黏性；咀嚼過程中，雞肉逐漸散發出淡淡辛香料的香氣。每次吃瑞士雞翼時總難以優雅，因為嘴角容易殘留黑黑醬汁，但滋味讓人欲罷不能。

話你知

常見的瑞士汁材料如下：老抽 100 毫升、生抽 40 毫升、水 300 毫升、冰糖 75 克、八角 1 粒、丁香 5 粒、桂皮 1 塊、月桂葉 2 片、陳皮 1/4 片，將以上材料煮滾後過濾，留下的醬汁便是瑞士汁。

茶餐廳裡的混血意大利麵：黑椒牛柳炒意粉

茶餐廳的菜單中藏有幾款驚喜的混血意粉，例如能光速供應的火腿湯通粉、沙嗲牛肉湯通粉、融合了香港燒臘元素的叉燒湯意粉，還有使用中餐風味及炒麵手法的黑椒牛柳炒意粉，或豬扒黑椒炒意粉。

黑椒牛柳炒意粉是將中式的黑胡椒牛肉與西式意粉巧妙結合，運用豉油先醃漬牛肉，配上黑胡椒汁、意粉（意大利直麵 Spaghetti）快炒而成，如果撤除意粉的元素，就是一道美味的中式快炒牛肉，鑊氣十足、香氣四溢。

▲上圖為茶餐廳的中西式意粉，份量大且配料豐富，為求快速上餐，故擺盤凌亂，主要追求用餐速度與飽足感（攝於荃灣／美胃茶餐廳）；下圖為黑椒牛肉炒意粉，中式炒牛柳配西式意大利粉的組合，並使用香港炒麵技法製造出乾爽與鑊氣（攝於紅茶冰室）。

不過在中式快炒的技術下，炒意粉呈現出乾炒牛河的特色——油光閃閃，帶有濃厚的鑊氣，且盤底無多餘油脂，融合得十分巧妙，吃來十分爽口，能感受到黑胡椒醬的辣味在舌上蔓延，這是一道擁有中餐胃的人都容易接受的中式意粉形式。補充一下，通常在意大利餐廳的單人份量為 100 克，而香港茶餐廳的單人份量會提高至 150 ～ 200 克，更有飽足感。

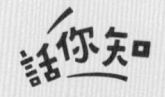

話你知

香港茶餐廳常出現的意粉類型有：

意粉〔粵拼：$ji^3\ fan^2$〕：台灣稱義大利麵，英文 Spaghetti
通粉〔粵拼：$tung^1\ fan^2$〕：台灣稱通心麵、通心粉，英文 Macaroni
千層麵〔粵拼：$cin^1\ cang^4\ min^6$〕：台灣稱千層麵，英文 Lasagna
扁意粉〔粵拼：$bin^2\ ji^3\ fan^2$〕：台灣稱細扁麵，英文 Linguine
闊條麵〔粵拼：$fut^3\ tiu^4\ min^6$〕：台灣稱寬扁麵，英文 Fettuccine

Chapter 1 嗅覺‧速度與效率

意大利麵遇上雞湯，混血意大利麵：叉燒湯意粉

我還記得初見叉燒湯意粉的組合時，心裡頭一陣衝擊，在意粉上擺了幾塊紅潤油亮的半肥瘦叉燒；明明使用意大利長意粉，卻以中式湯麵的形式浸泡在營業用雞湯裡。料理外觀又中又西，乍看之下有種說不出的衝突感，然而這是一道將顧客喜好安放於天秤兩端的食物。叉燒湯意粉也是多數茶餐廳裡的常餐會供應的品項，更具有常民飲食必備的快、靚、平條件。

叉燒湯意粉好吃嗎？若以我這外地人的口味偏好，說句實話，還需要一點時間去吃懂這個組合。

▲左圖為叉燒湯意粉，有些店家會切上幾塊又大又靚的叉燒；右圖為有些店家的會使用切燒臘後零碎的邊角部位來做叉燒湯意粉。

茶餐廳裡的百變湯通粉

將通粉（Macaroni，台灣稱通心粉）煮至偏軟，浸入營業用高湯，即為湯通粉。搭配方形火腿片或火腿絲，即為火腿湯通粉；放上沙嗲醬牛肉片，則是沙嗲湯通粉。更豐富的變化版本，還有豬扒湯通粉、雞扒湯通粉（台灣稱豬排、雞排）及叉燒湯通粉。

這樣的組合在茶餐廳的港式早餐及常餐裡，經常以湯的樣貌呈現，也是許多人不想思考吃什麼時的懶人選擇之一。

──香港茶餐廳裡的中西式湯通粉小圖鑑──

沙嗲湯通粉	火腿湯通粉	叉燒湯通粉

Chapter 1 嗅覺・速度與效率

　　在香港的醬料行或超市都能買到罐裝的沙嗲醬,但沙嗲醬只是基底,使用前仍需添加其他材料炒製。做法是在鍋內以油炒香乾蔥末(紅蔥末)、薑末、蒜與蔥白末,待炒至出現香氣後,加入沙嗲醬、花生醬炒出濃稠感,部分店家還會添入極少的咖哩醬與少許豉油提味。接著將使用豉油與抓過粉與小蘇打的嫩牛肉,以另一只鍋炒過後取出,與炒製完成的沙嗲醬混合後,放在湯通粉或湯公仔麵上,就是美味的沙嗲牛麵了。

▲在香港的醬料行或超市都能買到罐裝沙嗲醬,使用之前需添加其他香料,與花生醬一同炒製成濃稠且味道豐厚的口味。

當中式料理遇上西方水果入菜：西檸軟雞

　　中式生炒排骨與糖醋排骨，通常使用帶骨豬肉油炸及甜椒過油後，配上陳醋與糖調成酸甜醬汁。粵菜裡有道咕咾肉（亦俗稱為咕嚕肉），是用不帶骨的肉塊裹粉油炸而成，並將配方裡的陳醋改以西式番茄醬替代，是大人小孩都喜歡的菜式。

　　香港開埠時期，商業貿易與食材互相流通，中菜師傅們逐漸將不同食材融入經典料理之中，藉此面對餐飲業的激烈競爭。就好比咕咾肉，便使用進口水果入菜，例如菠蘿（台灣稱鳳梨，不過台灣品種肉細且無需去釘），而便成了菠蘿咕咾肉。而說到西方水果入菜，粵菜料理底子精深的香港師傅們，使用西方的黃色檸檬，配上中式醬料醃漬的雞肉，創造出又中又西的香港特色料理——西檸軟煎雞，俗稱「西檸雞」。

西檸雞是什麼？炸雞與酸甜西檸汁

西檸雞，這道由中菜師傅們將東西方元素交融後研發的創新菜式，是以烹調咕咾肉的手法為基礎，將炸無骨豬肉塊改為無骨炸雞塊、把酸甜醋汁改成西檸（台灣稱黃檸檬），在精緻的香港粵菜館及酒樓供應，如今在部分茶餐廳、大排檔也點得到。70～80年代時，大量人口以廚師身份移民至歐美時，這道西檸雞也同樣流通到歐美地區。

隨著酒樓食物的普及與平價化，西檸雞也同樣地進入街邊大排檔及平價茶餐廳菜單裡，由於做法不難，於是這道菜也走向家庭餐桌上。

▲西檸雞的醬汁以黃檸檬為主要材料，餐館師傅通常會再加入吉士（台灣稱卡士達粉 Custard Powder）以增添香氣與橙黃色澤。最近在香港超市裡也售有李錦記醬料推出的西檸雞醬料包，貪圖方便時可購買使用。

如何製作西檸雞？

　　西檸雞的做法是先準備 300 克去骨雞腿肉（可先切塊，或炸後再切），加入鹽、糖、薑汁、料理酒各一大匙，以及半茶匙白胡椒粉。將雞肉抓捏後靜置醃漬入味，接著在外層沾裹上薄薄一層粟粉（台灣稱玉米粉）後沾裹全蛋液，再次沾裹薄薄一層粟粉，入油鍋炸至金黃香酥（或半煎炸）再撈起備用。

　　接著準備醬料，將兩顆黃檸檬對半切，取一顆半的檸檬，先刨出少許黃檸檬皮，再將檸檬搾汁，去除檸檬籽後倒入容器中，加入黃檸檬皮、一大匙蜂蜜攪拌均勻。剩下的半顆黃檸檬切成四分

▲左圖為小型炒菜館的西檸雞（攝於心怡小廚雞煲）；右圖為大排檔餐館的西檸雞（攝於楚揪記）。

之一的扇形薄片,放置一旁備用。另取一茶匙吉士粉(台灣稱卡士達粉,即 Custard Powder)用溫水調和均勻吉士粉水。

起油鍋,在平底鍋裡加一茶匙油,倒入檸檬汁,煮至沸騰起泡,加進吉士粉水及少許水,持續攪拌煮至醬汁變得濃稠、金黃透明後關火,拌入西檸片,淋在炸雞上便完成了。

瑞士雞翼
- 太平館餐廳:銅鑼灣白沙道 6 號地舖

西檸雞
- 楚撚記大排檔:荃灣川龍街 118 號百悅坊地舖至一樓
- 心怡小廚雞煲:荃灣大壩街 35 號安康大廈 4 號地舖(荃灣西站 B 出口步行)
- 益新美食館:灣仔軒尼詩道 48-62 號上海實業大廈地舖及地庫

叉燒湯通粉 / 火腿湯通粉
- 澳洲牛奶公司:佐敦白加士街 47 號

台灣胃看香港餐桌

港式麵包糕餅及西點

　　港式麵包店與台式麵包一樣屬於柔軟麵團的路數，如果是喜歡台式懷舊麵包的朋友們，到香港旅行時，不妨試試舊式麵包店或自設烘焙處的茶餐廳，試試香港特色的各種「飽餅」。

　　走在香港街頭，若經過糕餅店或有供應麵包糕點的茶餐廳食，聞到一陣迷人香氣，通常我會不小心失心瘋聞香而去，待理智回來時，已不知不覺購入了剛出爐的蛋撻、雞批或傳統麵包。哇！這是什麼神奇的香味魔法？

▲ 左圖為舊時香港習慣把麵包的「包」字寫為「飽」，如今的老店或舊餐店仍保留「飽」字寫法；例如漢堡飽、麵飽、牛角飽，但如今已多為寫「包」字；右圖為華茶餐廳熱辣辣的蛋撻，蛋撻燙且嫩。

Chapter 1 嗅覺・速度與效率

港式蛋塔有酥皮、塔皮,港式蛋撻你是那一派?

我與香港同事聚餐時聊起香港蛋撻(台灣稱蛋塔)兩大派系——酥皮與曲奇皮(cookie 皮,台灣稱塔皮),票數不分軒輊。而身為異鄉人,我的選擇是:兩種都要吃!

——港式蛋撻小圖鑑——

酥皮蛋撻	曲奇皮蛋撻	葡撻

港式酥皮蛋撻

酥皮蛋撻(粵拼:sou¹ pei⁴ daan⁶ taat³)等同葡式蛋撻嗎?這可能是個美麗的誤會。在很早期的傳統做法中,港式酥皮蛋撻是使用豬油製作千層皮。烘烤過後中心呈現出黃澄澄的滑嫩蛋液,成分相當簡單:鮮奶油、全蛋、水、糖。當然,未必每家都使用豬油,有些改用白油。

港式塔皮蛋撻（曲奇皮）

為曲奇皮（cookie 皮），以常見的甜品塔皮作為基底，搭配港式蛋塔蛋液配方：鮮奶油、全蛋、水、糖。如果要說最傳統的香港蛋撻，那必定要試試塔皮蛋撻，在傳統糕餅店和部分有供應烘焙糕點的茶餐廳皆有販售。

葡式蛋撻：酥皮及絲滑蛋奶餡

葡式蛋撻（粵拼：pou⁴ taat³）最初在曾被葡萄牙殖民的澳門普及，並憑藉著商機並將葡式蛋塔延伸到香港及世界各地，又稱澳門葡式蛋撻。葡式蛋撻外層為酥皮，內層使用鮮奶油、蛋黃和更多糖，烘烤後表面有褐色斑點，中心呈現絲滑膏狀，具有濃厚奶香及焦糖香氣，口感絲滑，甜度更高。

近年訪港旅客必買的「Bakehouse」與「Hasgtag B」蛋撻，可說是話題手信話你知。不過，兩者皆非傳統香港蛋撻，更偏向新式葡式風格：Bakehouse 的酸種蛋撻，以絲滑葡式蛋液搭配酸種麵糰塔皮，隔夜加熱依然美味；Hashtag B 的花形拿破崙蛋撻，以焦糖蛋液結合法式千層酥酥（mille-feuille），酥脆層次分明。若來香港朝

話你知

手信〔粵拼：sau² seon³〕

在旅途中購買的紀念品或當地特產，帶回送給親友的禮物，在香港稱為「手信」，在台灣則說「伴手禮」

聖高人氣的蛋撻，也別錯過經典香港蛋撻，無論是酥皮還是曲奇皮，皆值得一嚐。

香港沒有「冰火菠蘿油」？

在台灣被大眾所熟知的「冰火菠蘿油」，主要是因為早期有香港藝人至台灣開設餐飲店時，以絕佳的行銷方式，將冰火菠蘿油這個有噱頭的名稱打入台灣市場。但是，在香港本地的菜單裡可沒有「冰火菠蘿油」這個名稱喔！熱騰騰的菠蘿麵包，夾入厚切牛油的菠蘿油，就叫「菠蘿油」，無需加入「冰火」二字。不過，因為有太多觀光客問：「有冰火菠蘿油嗎？」於是，專攻遊客的店家，便順勢寫出「冰火菠蘿油」給遊客。

▲在香港，菠蘿包烤熱後夾入厚切牛油，就稱為「菠蘿油」；右圖為外甥與外甥女回港過暑假那年，一個說牙齒痛不想吃正餐，一個說剛起床沒食慾，但是當菠蘿包跟蛋撻登場時，吃得可認真了⋯⋯。

香港菠蘿包與台灣菠蘿麵包既相似，又十分不同。香港菠蘿麵包上方的菠蘿油酥，是將溶化的牛油與糖混合後，加入烘烤時會膨脹的小蘇打粉與臭粉、增加味道厚度的蛋液、淡奶及麵粉混合成「菠蘿油酥」，擀平後鋪在麵包上，進烤箱烘烤。

> **話你知**
> 扭計〔粵拼：nau² gai²〕：鬧彆扭、鬧脾氣的意思。就像台灣台語形容小孩在「張」的樣子。香港會說：「佢扭計啊」（他鬧彆扭啊）。

菠蘿酥皮會因為臭粉（碳酸氫銨）與小蘇打的膨脹效果，在烘焙後膨脹並出現龜裂痕跡，裂痕讓麵包外型與菠蘿的紋路外皮相似，但成品既不包含菠蘿餡，也沒有菠蘿風味；同樣是菠蘿麵包，台式菠蘿麵包則是畫出格狀紋路。不得不說，菠蘿麵包是個神奇的食物，我與返港過暑假的外甥子女同住，在他們扭計[話你知]時，只要買菠蘿包跟蛋塔給他們吃，什麼問題都解決了。

▲左圖為香港菠蘿包；右圖為台式菠蘿麵包。

「雞批」與「咖哩雞批」

「雞批」就是雞肉派,批字來自於 pie 的英文發音,而在台灣音譯為派。雞批是在塔皮裡放入洋蔥與雞肉製作的內餡,上方蓋一層酥皮,刷蛋液後劃上數刀,烤成與蛋塔相同大小的「迷你雞批」,融合了東西元素,更受到喜歡鹹派的支持者喜愛。內餡則有白汁蘑菇雞肉、咖哩蘑菇雞肉這兩種常見口味,在香港傳統的香港糕餅店、自設烘焙處的茶餐廳及冰廳裡皆有販售。

▲剛出爐的「雞批」就是雞肉派。

香港茶記風格：油炸的法蘭西多士

　　法國吐司在各地有許多版本，而香港的進化版本既不是原先的法式家庭版，也不是中環 LPM Restaurant&Bar 法國餐廳的精緻優雅版，而是茶餐廳裡為了「速度」而誕生的下午茶點心——油炸式的香港版法蘭西多士，先在兩片吐司麵包中間抹上花生醬後夾起，喜歡鹹甜交錯的，也可以夾入一片薄火腿，將蛋奶液改為普通蛋液，並省去將麵包浸泡蛋奶液的時間，迅速將外層裹上蛋液後，立即扔入油鍋炸至外層金黃酥脆，放上切片牛油，淋上蜜糖（台灣稱蜂蜜），切成一塊塊享用，美味且邪惡極了。

　　從名稱上與西餐廳較精緻的法式吐司（French Toast）做區隔，香港版本的法蘭西多士走出了自己的一片天，更成了訪港旅人會特意到茶餐廳朝聖的點心。

◀法蘭西多士（攝於新華茶餐廳）。

Chapter 1 嗅覺・速度與效率

◀西多士的變化版之一，吐司中心不夾入花生醬，直接切成小方磚，沾取蛋液入鍋油炸，再淋上花生醬與煉奶。

面對激烈的商業競爭，香港的餐飲業從不停止創新，為了吸引顧客，就連平價的西多士也不斷推出各種版本，例如將吐司切成適口大小的方塊狀，沾上蛋液後，再裹上一層麵包粉，油炸成酥脆吉列（cutlet）外衣。醬料也從傳統的蜜糖升級至巧克力醬、芝士醬（起司醬），甚至是雪糕（冰淇淋）。無論甜或鹹口味都有，任君選擇。如此高頻率更換菜單以滿足顧客，都是為了生意吶！

邊度食

供應蛋撻與包餅的茶餐廳
- 金園茶餐廳：長沙灣青山道 314 號（港鐵深水埗步行）
- 新華茶餐廳：長沙灣青山道 334 號地舖
- 祥興咖啡室：跑馬地奕蔭街 9 號奕蔭街 9 號
- 紅茶茶餐廳：加拿芬道 18 號恆生尖沙咀大廈地下 5 號舖
- 康樂茶冰廳：荃灣（路德圍）荃興徑 21 號荃發大廈 D 座地舖

傳統包餅店
- 快樂麵麭：灣仔皇后大道東 66-68 號
- 康甜餅店：北角七姊妹道 199 號地舖（港鐵鰂魚涌站 C 出口步行約三分鐘）

CHAPTER 2

味覺・風味與調味品

咦？咩料啊？

「什麼材料？什麼底細？」

香港匯聚了東、西方的多元族裔人口，飲食面貌也因多樣的商業組合變得豐富。得益於香港本地的包容性，來自各地的風味元素遇上多種類型的烹飪技巧，巧妙地相互交融，最終演變爲專屬於香港的味道。

與台灣普遍習慣的清雅口味不同，香港飲食偏好濃烈且層次分明的風味堆疊，以及豪氣的食材使用與混搭，尤其在湯品和菜式中更爲明顯。即使是已醃漬入味的食材，在烹調後仍會搭配各式調味品和沾醬，藉此提升整體層次。本章將介紹香港飲食中常見的食材和調味品，引你了解香港風味的特殊魅力。

Chapter 2 味覺・風味與調味品

琳瑯滿目的香港粉麵

香港粉麵行提供了琳瑯滿目的麵底，對於外地人來說，容易感到手足無措，不知從何選起。從米製的粉，到麵粉製成的麵，種類眾多且名稱和口感各異。香港本地常見的粉麵包含鹼水生麵、乾製麵、油炸麵餅、日曬麵、米製粉麵。

◀
❶ 竹昇蛋麵 ❷ 幼麵
❸ 粗麵 ❹ 油麵 ❺ 冷麵

01 香港常見粉麵──鹼水生麵

為因應潮濕溫暖的氣候，香港本地最常見的麵條就屬「鹼水生麵」，這個類別又分為好幾種：

竹昇麵

這名字是不是聽起來就帶著一股功夫般的氣勢？加入全鴨蛋製成的鹼水細麵，總讓初次品嚐的外地人驚訝：「咦，雲吞麵怎麼有點硬？」這種硬度就是「爽」，也正是竹昇麵的靈魂。為了達到這種獨特的口感，製麵師傅需使用傳統工法，坐在竹竿上，隨著身體的起落，用全身的力量反覆壓製麵團，使其變得更密實，呈現香港廣東麵獨有的「爽」，即爽脆易斷的口感（更多口感描述請參閱 Chapter3）。這種以竹竿製麵的傳統方式，也被列入「香港非物質文化遺產[註1]」。

幼麵

又稱「廣生麵」，傳統做法是使用梔子，現今則多以梔子黃色素[註2]增添鮮亮的黃色。經反覆壓製而成細的鹼水麵，乾爽且細脆，既能吸附食材和醬汁風味，同時又能呈現廣東炒麵特有的乾身質地，適用於製作豉油王炒麵及煎麵餅式炒麵。

粗麵

與幼麵源於相同的鹼水麵團，但壓得更薄，一般切成約 0.4 公分寬的扁麵，薄滑又帶著鹼水麵特有的「爽」，在清湯腩店、車仔麵用餐時，也能選擇這款名為「粗麵」的鹼水扁麵。

油麵

　　鹼水粗圓麵，與廣東其他鹼水麵的「爽」脆不同，口感更接近台灣的鹼水油麵，但是比台灣油麵更粗且紮實，吃車仔麵也能選擇這款麵。若在香港想做台灣炒油麵時，我會使用這款麵來替代。

冷麵

　　比油麵更細且形狀稍扁，專為涼拌而生，放涼後依然柔韌不硬，會出現在香港冷麵小吃攤的袋裝冷麵中，一袋在手，便是零用錢有限的學生們喜愛的解饞小吃。

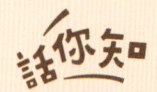

話你知

撈〔粵拼：lou¹〕：
在香港廣東話裡表達拌麵與拌飯時，會說撈麵、撈飯。

註及參考資料：
1. 香港非物質文化遺產資料庫項目編號 5.32：打麵技藝。https://www.hkichdb.gov.hk
2. 從梔子果實中萃取出的水溶性色素，梔子黃色素（Gardenia Yellow）的國際編碼系統編號為 E164。常用於台灣粉粿及港台兩地皆有的油麵及其他食品之中，在港台兩地均可使用，需標示於食品營養成分表。

Chapter 2 味覺・風味與調味品

02 香港常見粉麵──風味乾製麵餅

香港超市與粉麵行還有一種「風味乾製麵餅」。以高湯取代清水，與麵粉混合揉成團，反覆壓製後再切成細麵或約 0.4 公分寬的扁麵。蒸熟後捲成餅形，再烘乾成堅硬的麵餅。不經油炸，卻可在濕熱氣候下長時間保存，只需快煮三分鐘，即可變成自帶高湯的清湯麵，並帶有香港鹼水麵條獨特的「爽」口感。

▲ ❶ 蝦籽麵 ❷ 瑤柱麵 ❸ 菌菇麵 ❹ 蔬菜麵

自用送禮兩相宜的風味乾製麵餅

在所有風味乾製麵餅中最具特色的是蝦籽麵，以將炒乾的蝦籽與高湯製成，鮮香濃郁；還有以乾製菌菇高湯製成的冬菇麵、牛肝菇麵，以及加入蔬菜汁製成翠綠色的菠菜麵和芫荽麵。矜貴版則有以乾鮑魚和金華火腿熬煮湯汁製成的鮑魚麵，或使用瑤柱高湯製的瑤柱麵。這些風味乾製麵餅也常以食品禮盒形式登場，成為年節伴手禮。

▲圖中第一排由左至右是菌菇麵、蝦籽麵，第二排則是瑤柱麵、蔬菜麵，各有風味特色。

Chapter 2 味覺・風味與調味品

03 香港常見粉麵──油炸麵餅

「伊麵」是比生麵更易保存的熟製麵條，將混入雞蛋的麵條晾乾後捲成團，入鍋油炸定型成乾製麵底。伊麵細且圓，是尺寸較大的油炸麵餅，油炸過的麵條中心會產生空洞，因此只需滾水快煮兩分鐘，便可迅速恢復柔軟口感。

在台灣也有類似的油炸蛋麵──意麵。台灣意麵更粗，麵體表面有明顯的油炸氣泡，兩者雖皆為油炸蛋麵，但外觀與口感上仍有差異。我有時想念台灣的鍋燒意麵時，便買伊麵回家配上配料試著仿製，雖然麵體仍有差距，但足以撫慰思鄉胃。

──油炸麵餅小圖鑑──

| 1. 香港傳統油炸蛋麵──伊麵 | 2. 台灣意麵 | 3. 即食麵版的伊麵 |

133

台灣胃看香港餐桌

▲ 在香港，稱為「粉」的米製粉麵選擇有 ❶ 米粉 ❷ 雲南米線 ❸ 瀨粉 ❹ 河粉 ❺ 銀針粉 ❻ 金邊粉

04 香港常見粉麵──米製粉麵

米粉

　　港台兩地都熟悉的米製麵，以米粉和修飾澱粉製成後風乾，烹調前需浸泡，即可恢復至微透的白色與柔軟口感。

雲南米線

　　以發酵白米磨漿，透過圓孔壓麵器擠壓入滾水煮熟，呈現扎實的白色，口感柔軟且略帶彈性，在香港有不少的雲南米線店及連鎖米線品牌。

瀨粉

同樣以米製作的瀨粉，乍看之下與雲南米線或台灣粗米粉相似，但透明度更高。口感則接近台灣北部米粉湯中使用的粗米粉，但多了一絲微妙的脆度，又脆又粉？哎，真是難以形容。因此，我常推薦台灣朋友到香港燒臘店時，不妨試試台灣沒有的瀨粉，吃燒鵝時加上一碗湯瀨粉是常見的搭配，這可是我的心頭好。

河粉

是香港粉麵的經典之選，以白米磨漿後倒入蒸盤裡，蒸成薄片後再切成寬條，口感滑嫩帶彈性，並再細分為湯用河粉與炒製用河粉。

狗仔粉

使用糯米與澄粉，以燙麵麵團的方式製成粗短型米製麵，許多人以此與台灣的米苔目做比對，雖然外型及口感相似，但仍有些許不同。通常狗仔粉會與蝦米、蝦皮、豬油渣一起燜煮，形成以舌一壓就化的糊軟質地，配上菜脯、辣菜及蔥花一同食用，口味濃重且價格親民，是上個世紀 50、60 年代藍領階級的最愛。隨著社會富裕，狗仔粉逐漸淡出市場，直到連鎖品牌「十八座狗仔粉」的出現，才讓這道小吃重出江湖。我對狗仔粉的認識，來自一位從事電影幕後工作的朋友，與我分享他和搭景及爆破師傅在深夜收工後吃狗仔粉的故事。

銀針粉

是使用木薯粉與澄粉製成粗麵條,兩頭呈尖端形狀,形似老鼠尾巴,故也被稱為「老鼠粉」,屬於客家食物,也是現今較少見的食材,在部分粉麵店仍能見到,可做成炒銀針粉。

―― 米製與木薯製粉麵小圖鑑 ――

1. 米粉	2. 雲南米線	3. 瀨粉
4. 河粉	5. 狗仔粉	6. 銀針粉

05 香港常見粉麵──米製食品

除了米製麵，香港還有米製的腸粉與陳村粉，可搭配不同烹調方式，做成各種料理。

腸粉是把米漿倒入鋪有蒸布的大蒸盤中，蒸煮成半透明的薄片，拉起後捲成細長條後切段，便是街頭小吃──豬腸粉，混合甜醬與芝麻醬，平價又美味；若加入餡料捲成更大的卷狀，則成為茶樓、粥店裡的點心式腸粉，裹著蝦仁、叉燒，更能感受即拉腸粉入口綿軟的質地。

陳村粉則起源於廣東順德，將河粉和腸粉的製作方式改良而成，質地更薄、更透，滑溜柔軟。搭配蒜蓉、豆豉與排骨一同蒸煮，薄透的粉條吸滿湯汁與油脂。喜愛米製食品的朋友，到香港時，千萬別錯過這兩款美味的米製食品。

豬腸粉

街頭小吃，無餡無調味，混合不同醬料搭配著吃，又稱混醬腸粉。

蔥花蝦米腸粉

製作腸粉時，先倒米漿再撒上蔥花和蝦米，再捲成厚條狀切段。

煎蔥花蝦米腸粉

用熱油將蔥花蝦米腸粉煎至外表金黃香酥，再沾著醬料吃。

煎腸粉

是包有餡料的腸粉點心，常於飲茶時出現，一般會在名稱前冠上餡料名稱，例如牛肉腸粉。

炸兩

在香港粥店用餐時可點的炸兩，是蓬鬆如麵包般的廣東油條，以腸粉包裹著吃，若是改用台灣油條則相差甚遠喔。

陳村粉

口感比腸粉更滑溜的陳村粉，會搭配排骨與醬料蒸煮後食用。

Chapter 2　味覺・風味與調味品

―― **米製食品的料理小圖鑑** ――

豬腸粉	蔥花蝦米腸粉	煎腸粉
腸粉	炸兩	陳村粉

06 香港常見粉麵——北方白麵／上海麵

　　使用小麥麵粉與水製成的雪白北方白麵，不同於廣東鹼水麵的爽口彈性，質地柔軟，為什麼白麵在香港被稱為「上海麵」？這款有別於廣東麵條的北方麵，隨著早期移民潮，被帶到香港後，通常在上海麵店裡販售，因此被香港人慣稱為「上海麵」至今。

07 香港常見粉麵——粉絲

　　以綠豆澱粉製作的粉絲，也就是台灣人說的「冬粉」，加水烹煮後會逐漸呈現透明狀。不過在香港，較少人將粉絲作為主食，更多是當成搭配菜式的配料，例如吸收濃郁鮮香的「海皇粉絲煲」、以時蔬及高湯製成的「粉絲雜菜煲」，或將粉絲、海鮮、蒜蓉及粉絲一起蒸煮，吸收料理湯汁裡的風味。

香港豆腐與豆製品

每當前往香港街市裡，總能找到與超市盒裝豆腐不同的各種傳統豆製品，無論是布包豆腐、響鈴卷，都能呈現香港飲食的烹飪特色，以下是香港常見的豆腐及豆製品：

──香港街市豆腐與豆乾小圖鑑──

滑豆腐	硬豆腐	布包豆腐
豆腐膶（豆乾）	風味豆乾	豆卜

台灣胃看香港餐桌

▲ ❶滑豆腐 ❷硬豆腐 ❸布包豆腐 ❹普寧豆腐 ❺豆腐膶（豆乾）❻風味豆腐膶（風味豆乾）

滑豆腐

在香港以廣東話將滑嫩的嫩豆腐稱為「滑豆腐」。含水量高且滑嫩，適用於煮湯或火鍋。滑豆腐易破碎，擺在盤中會滲水，若當日無法烹煮，可將嫩豆腐放入裝有薄鹽水的保鮮盒內保存至隔日。

硬豆腐

紮實的板豆腐在香港又稱「硬豆腐」。含有較多石膏，由於製作過程中壓掉更多水分，故質地更結實、不易破碎。適合煎煮、滷燉或紅燒，也可先煎至金黃，再搭配醬汁提升風味。

布包豆腐

在香港街市裡，有一款放在淺水盆中的布包豆腐是我的心頭好，布包豆腐是將豆漿加入石膏凝結成豆花，倒入布中擠出多餘水分

後包起，再壓掉水分成形，故外型帶有圓角。布包豆腐有兩層質地，外挺內軟且豆香濃郁，不論煎煮或燉煮豆腐煲都適合。

普寧豆乾

在香港街市裡也常見到來自潮州的普寧豆腐，油炸後沾取韭菜鹽水食用，便是潮州餐館裡的普寧炸豆腐，也能用於滷製。除了豆漿及石膏，普寧豆腐的原料還多了薯粉，硬度介於硬豆腐（板豆腐）與豆乾之間。

風味豆腐膶（風味豆乾：五香／醬色）

深棕豆乾以焦糖上色、淺褐豆乾則帶著淡淡五香味，質地比白豆乾更硬實，切成細絲快炒也不易斷裂。但並非所有風味豆乾都經滷製上色，有些添加食用色素，選擇有註明成分的包裝產品更安心。

豆卜

將豆腐切成小塊後油炸至膨脹，這佈滿氣泡空洞狀的油炸豆腐在香港稱為「豆卜」，常會加進風味濃厚的帶湯菜式、砂鍋煲菜及火鍋裡，煮至吸滿湯汁再享用。

豆腐膶（豆乾）

未調味的白豆乾適用於各種料理，質地比風味豆乾更濕潤柔軟，可融入不同菜式，不會干擾味道。

台灣胃看香港餐桌

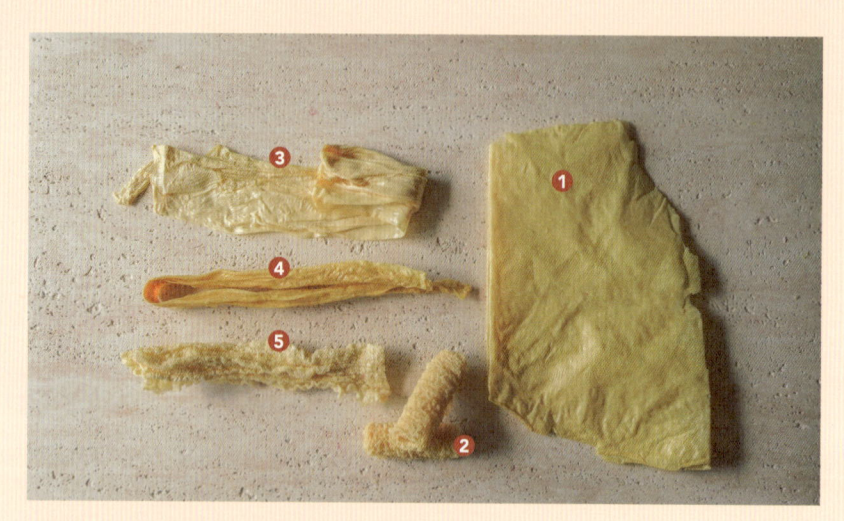

▲ ❶ 腐皮 ❷ 響鈴卷 ❸ 鮮腐竹 ❹ 枝竹 ❺ 炸枝竹

腐皮

從滾燙豆漿中挑起的豆皮，攤平風乾成大又薄的「腐皮（或稱腐竹）」。腐竹薄透易碎，可稍微泡水恢復柔軟，例如以腐皮包裹餡料，製成飲茶點心裡常見的鮮竹卷。也可用來製作煲湯與糖水，香港腐竹在久煮後通常會化入湯水裡，變成豆香四溢的白滑湯水，可鹹也可甜，例如腐竹白果胡椒豬肚湯、腐竹白果糖水。

響鈴卷

香港打甂爐時會搭配的油炸豆皮稱為「響鈴卷」，做法是用長筷夾住裁切成長條的乾燥薄豆皮邊緣，輕放入油鍋中。薄豆皮下鍋的瞬間，熱油滋滋聲響起，豆皮隨著高溫迅速膨脹起泡。這時可不能看得太忘神，稍慢一步，豆皮就會定型而無法捲起。需趁

豆皮剛碰觸熱油且氣泡冒出的同時，迅速轉動筷子，將豆皮捲成圓筒狀，邊炸邊捲，製成淺金黃、薄脆帶氣泡的酥脆成品。

炸好的響鈴卷出鍋後，直接食用也美味。因質地薄透，無需在火鍋湯裡久煮，只需放入湯裡快速「沾一下」或浸泡五至七秒，便能同時享受酥脆又柔軟的對比口感。現代人在家下廚不喜歡油炸，因此市場與超市裡的盒裝響鈴卷成為便利的選擇。

鮮腐竹

帶皺摺的「鮮腐竹」，在台灣稱為「豆包」或「豆皮」，是港台兩地常見的食材，口感柔軟，適合煮湯或火鍋。鮮腐竹的製作過程是從豆漿表面挑起未乾的豆皮後掛起，自然垂下形成皺摺的長條狀，稍降溫後對折，即成鮮腐竹。

炸枝竹

若將豆皮徹底乾燥，便成為細長硬挺的「炸枝竹」，更適合香港濕熱氣候，得以長期保存。乾燥枝竹使用前需以較長的時間浸泡至軟化，吸足水分後仍帶有嚼勁且耐煮，因此適合炆燉、紅燒、煮湯及火鍋等需要長時間烹煮的料理。炸枝竹名裡雖有枝竹二字，卻不是直接以枝竹油炸製成，而是將豆皮乾燥至七成左右，才移入油鍋內，油炸至脫水起泡，形成多孔且厚實的質地。炸枝竹質地厚，需在湯中烹煮較長時間才能軟化，它與台灣火鍋裡的炸豆皮口感較相似，吸附湯汁效果佳，適合湯汁濃郁的料理，例如香港的羊腩煲及台灣的羊肉爐。

香港餐桌上的各種辣醬

由於氣候因素，在香港會避免吃容易「上火」的飲食，如辛辣食材或辣味食物，除了大辣、中辣、小辣，還有一種比小辣更不辣的有趣稱呼：「BB辣」。在香港，「BB」是嬰兒（baby）的慣稱，例如養育孩子稱爲「湊BB」。想選擇辣度時，BB辣則用來形容「非常不能吃辣但又想嘗試的辣度」，專爲吃辣界的BB們量身定製。

亮橙色的香港本地辣椒醬

談起辣椒醬，香港本地辣椒醬自然是首選。「余均益辣椒醬」與「悅和醬園辣醬」是我最喜歡的兩款。不同於鮮紅辣醬，港式辣椒醬呈亮橙色，以辣椒、蒜頭、番薯、白醋、鹽和糖製成，攪打成泥糊狀，帶有微酸鹹辣的獨特風味。我喜歡在炒牛河或豉油王炒麵上加一點，瞬間提升風味層次。

◀ 左圖爲余均益辣醬；右圖爲悅和醬園辣醬，兩者皆風味獨特。

香港潮州粉麵行的港版潮州辣椒油

在香港的潮汕魚蛋河專賣店、潮汕豬雜牛雜河粉麵行、牛腩河等粉麵行的桌上總少不了一罐辣椒油。有趣的是，在香港稱為「潮州辣椒油」的這款辣油，實非潮州名品，反而在中國大陸的網購市場裡，被熱捧為香港代購名物的「港版潮州辣椒油」。

以粗磨乾辣椒粉、紅蔥、大蒜及香料做成的鮮紅辣椒油，辣度更甚香港本土的無油辣椒醬，油脂能延長香氣尾韻，因此更適合搭配湯底輕盈的潮汕粉麵，由於常在香港的潮汕粉麵店裡供應，而被慣稱為「潮州辣椒油」。

各家潮汕粉麵店的自製辣椒油各具特色，喜歡吃辣的我也會買回家備用，不過，住在香港幾年後，我的吃辣程度逐漸退化，已悄悄加入了 BB 辣的行列。

以白蘭地分級為靈感的香港辣椒油：XO 醬

XO 醬的身世眾說紛紜，有馬拉棧、潮州辣油及半島酒店創作等說法，無論真相為何，這款誕於 1980 年代的辣醬，因使用高檔海味乾貨，展現了當時香港的繁榮與富裕。此醬料名為 XO，卻不含白蘭地，因風味馥郁，媲美陳年好酒，故借白蘭地分級「X.O.（Extra Old）」為名。

—— 法國原產地名稱管制（AOC）的干邑白蘭地等級 ——

等級	年份
VS (Very Special)	三年以上
VSOP(Very Superior Old Pale)	四年以上
Napoléon	六年以上
XO(Extra Old)	十年以上
Extra	十五年以上

XO 醬使用成本較高的南北乾貨，例如瑤柱、蝦米、金華火腿、新鮮大蒜與辣椒，甚至有加入新鮮螃蟹的蟹油變化版。需將海味乾貨泡軟後瀝乾，用酒蒸軟干貝與金華火腿後剝絲，蝦米切細，再搭配蒜末、生辣椒末、多種辛香料及大量食用油，細火慢炒至水分蒸發。XO 醬的風味層次深邃，在辣味之後，出現海味乾貨的鮮香分段爆發，無論拿來炒公仔麵、炒蘿蔔糕或作為沾醬都適合。

Chapter 2 味覺・風味與調味品

川辣入港：辣豆瓣的風味新篇章

　　以蠶豆豆瓣醬和辣椒製成的辣豆瓣醬屬川味，早期隨著移民人口一同傳入香港。相較於其他辣醬或辣油，辣豆瓣醬鹹味濃郁、辣味適中。雖非香港原生調味品，但融合了香港特色的「香港上海餐館」裡常被使用，例如加入辣豆瓣醬的香港風格酸辣湯。

台灣胃看香港餐桌

香港飲食裡的海味：
發酵海鮮醬

相較於偏愛原味的台灣飲食，香港人總會巧妙地在料理中放入大海的鮮香，並堆疊出多層次風味，除了海味乾貨外，還有醃漬製成的海鮮調味品，本篇將分享藏在香港飲食裡的海味。

鹽漬發酵海鮮醬：蜆肉製成的蜆蚧醬

將新鮮去殼的蜆肉、鹽、陳皮、薑、酒等材料混合，經過醃漬與發酵製成的海鮮醬料。在發酵過程中，蜆肉中的蛋白質逐漸分解為鮮味胺基酸，並與陳皮、薑和酒的風味融合，同時去腥，最終成為這款獨具特色的魚露／魚醬製品──蜆蚧醬。

▲左圖為蜆蚧醬，右圖為做醬用的滿滿蜆肉。

Chapter 2 味覺・風味與調味品

　　初見蜆蚧醬時,那黃中帶綠的外觀讓我心裡冒出許多疑問,腦海裡更湧現一百種聲音,而我表面故作鎮定,心裡卻暗暗地手足無措:「這陌生的食物到底是什麼?這要配什麼吃?是直接吃嗎?會是什麼味道?吃了會不會直衝腦門?」

　　很快地,我想起韓國也有類似的鹽漬發酵海鮮調味品——蛤蜊魚醬(바지락젓),同時也讓我聯想到台灣的古早味——鹹蜆仔。不過,台灣的鹹蜆仔僅稍微汆燙至半生熟後放入醬汁中淺漬,並未經過長時間發酵。我想,如果能接受台灣的鹹蜆仔與韓國的生海鮮魚醬,或許也能接受這款蜆蚧醬吧?

——發酵海鮮醬小圖鑑——

蜆蚧醬	韓國蛤蜊魚醬	台灣醃蜆仔

不過，蜆蚧醬多以沾醬角色登場，鮮少直接食用或入菜。在香港吃炸鯪魚球時，經常會附上一碟蜆蚧醬。酥脆的鯪魚球沾上如同魚露般鹹鮮的蜆蚧醬後，鯪魚特有的泥味會消失得無影無蹤，取而代之的是，留在舌尖上的鹹鮮和淡淡的薑酒香氣。甚至可以說，我是為了蜆蚧醬才點炸鯪魚球的。

「蜆蚧醬」是炸鯪魚球的最佳拍檔

炸鯪魚球的做法是將鯪魚去骨後，與浸軟的陳皮、芫荽莖和白胡椒一同攪成魚泥。將魚絞肉加入鹽後，順著相同方向反覆攪打，這不僅是調味，鹽還能幫助溶解肉中的肌凝蛋白，促進蛋白質變性，使魚肉泥產生黏性並讓鯪魚球更緊實，「攪拌至出現黏性」的技巧在香港稱為「起膠」。這個增加肉碎黏性的技巧不只適用於魚肉，就連製作豬、牛、雞絞肉料理也合適。

▲麥奀雲吞麵世家的炸鯪魚球。

当魚肉泥出現黏性後，將手沾水，將魚肉泥置於手掌心內，以握拳的方式，利用虎口將魚肉泥擠成一顆顆約 4～5 公分大小的球狀，用手稍微調整外型，放入油鍋炸至浮起，撈出鯪魚球後調高油溫，覆炸至外層金黃酥脆。

將鯪魚肉打成漿，混入陳皮、芫荽、蔥花，唧成球後再油炸的炸鯪魚球，各家製法略有不同。中環「羅富記粥麵專家」維持傳統，直接炸至膨脹（羅富記於 2025 年 1 月結束長達七十七年的經營）。「麥奀雲吞麵」則在外層裹上打碎的米粉段，油炸後有著更酥脆的外衣。炸鯪魚球最適合「點（台灣稱沾）」的醬，非蜆蚧醬莫屬。

香港非物質文化遺產：大澳銀蝦醬

在香港料理中，扮演著舉足輕重的海鮮調味品──銀蝦醬，只聞其味卻不見真身，明明菜裡不見蝦，卻散發濃郁的蝦醬海味。銀蝦醬是將捕獲到的銀蝦和鹽混

▶ 上圖為曝曬後的銀蝦放入桶內攪打成泥醬狀；下圖為把銀蝦醬製成磚狀，曝曬乾燥後延長保存。

合成泥狀,接著在大澳的烈陽下曝曬,並按乾燥程度製成灰色的銀蝦醬和蝦磚,這種製作方法被列為「香港非物質文化遺產」。如果直接聞銀蝦醬會非常刺鼻,甚至有股強烈的腥味,但入菜後卻十分鮮香!

蝦醬入饌的料理:蝦醬炒通菜、蝦醬蒸肉餅

　　蝦醬能夠瞬間提升料理風味,做成「惹味又譏飯」的菜式,例如蝦醬炒通菜(台灣稱空心菜),即使在家庭廚房裡也能簡單完成,將白管通菜洗淨,摘去老葉後備用,把薑塊、蒜粒拍開後切碎,加上少許紅辣椒。在鍋裡放少許油及幾片肥豬肉,與蔥薑爆香後,加入適量蝦醬,以中小火炒至蝦醬四香氣四溢。接著,將洗淨的白管通菜倒入鍋後快速翻炒,倒入適量料理酒、鹽,繼續翻炒至熟,濃厚的風味簡直是譏飯之王。

　　若不喜歡家裡炒菜帶來的油煙,也有使用蝦醬製作的蒸煮菜式,例如「蝦醬蒸肉餅」也是一道善用海味的住家菜,將肥瘦3:7比例的豬肉剁成肉碎,混入切碎的馬蹄(台灣稱荸薺),加入適量銀蝦醬、蒜末、薑末、料理酒、糖、芝麻油、鹽及少許生粉(台灣稱太白粉),順著同一個方向攪拌至絞肉出現黏性。混合好的豬絞肉,以大約1.5公分左右的厚度平鋪在平盤中,先預熱鍋子,再以隔水蒸的方式,用大火蒸至肉餅熟透。取出蒸好的肉餅,加

▲左圖為豬板油、蝦醬與蝦米與大蒜做成的蝦醬啫啫通菜煲。啫啫煲是砂鍋煲的意思，以「啫啫」作為砂鍋菜滋滋作響（sizzle）的擬聲詞，稱啫啫煲（攝於荃灣／江湖小棧）；右圖為隨著蠔烙一起上桌的魚露。

上蔥花和少許醬油即可上桌。蝦醬讓普通的蒸肉餅多了一點海味且更有層次。

潮汕魚露：潮州蠔烙的提味搭檔

曾被潮州人稱為「腥湯」的魚露，隨著潮汕飲食在香港普及後，不僅可入菜，亦可作為沾醬魚露，這樣的飲食方式也一同落腳香港。魚露能讓料理增加鹹味及鮮味，若是搭配需要以鹽味帶出鮮香的料理時，例如潮州餐廳裡的「煎蠔烙」，沾上魚露吃更是美味，更多香港的潮州飲食介紹請參閱 Chapter4。

- 江湖小棧：荃灣鱟地坊 30 號寶成大廈 1 號地舖
- 西環金興潮州打冷飯店：西營盤皇后大道西 398-400 號地舖

香港飲食裡的海味：
海鮮乾貨

　　香港氣候潮濕，早期的人們想到可以讓海鮮自然風乾，或用輕烘、炒製的方式去除食材內的水分，製成乾貨後，不僅延長了保存期限，更方便儲存為糧食。海味乾貨內含有多種胺基酸，故蘊藏滿滿鮮味，如麩胺酸、天冬氨酸、甘氨酸、丙氨酸和肌苷酸。使用海味乾貨入菜後，除了增加風味層次，還能讓菜餚或湯品中的鮮味成分更加明顯。

　　不論煲湯和炒菜，海味乾貨都是不可或缺的靈魂角色，像是使用乾章魚的香港蓮藕排骨湯，正因為多了乾燥章魚的鮮香，而與台式蓮藕湯有了風味上的區別。

蝦籽：紅棕色的濃縮鮮香

如何把「蝦」物盡其用？在許多地方，會用蝦殼與蝦頭煉製蝦油或熬成蝦湯，而在香港餐桌上，則有一款對許多外地人而言十分陌生的食材——蝦籽，這是把蝦卵乾炒至水分完全蒸發後製成的調味品，外觀是紅棕色的細粉狀，散發著濃縮後的鮮香。位於深水埗的「劉森記麵家」，在鹼水竹昇麵撒上大量蝦籽的麵品便是他們家的招牌之一。製作乾製麵餅的製麵品牌，例如永樂麵廠，也售有將蝦籽混入麵團製成的「蝦籽乾製麵餅」，讓麵條擁有濃厚的海味。

▲左圖為蝦籽，右圖為蝦籽麵。

台灣胃看香港餐桌

▲香港的廣東柴魚。

廣東柴魚：此柴魚非彼柴魚

在香港的傳統街市裡，有一款名為柴魚的乾貨，但這個廣東食材可不是日本人常用來刨片的鰹魚柴魚，而是以黃線狹鱈（又稱明太魚）製成的乾燥魚肉。

初次在香港見到廣東柴魚時，我脫口而出：「真像韓國的明太魚乾！」後來才得知，製作柴魚所使用的食材，正是與製作韓國明太魚乾相同的黃線狹鱈。不過，兩地的烹調方式卻截然不同。韓國的明太魚乾多用於製作解酒湯，而香港的廣東柴魚則用來煲湯或煲粥。老一輩人會將柴魚剪成小塊後泡水軟化，搭配豬瘦肉與冬瓜煮成清甜的「柴魚冬瓜瘦肉湯」，或與花生、生米一起煲成綿密的「柴魚花生瘦肉粥」。

然而，這款食材在香港已逐漸式微，在現代餐桌上的出現機會更是寥寥可數。若不是偶然在街市裡探索，或許我也無緣認識這款「懷舊」味道。有趣的是，我買回這款廣東柴魚後，便抵不住好奇心，用它來製作韓國的明太魚湯，也同樣能重現明太魚湯的風味。食材跨越地域，在不同文化裡各自發展出自己的菜式。

大地魚及大地魚粉

將鰈魚家族裡的牙鮃（又稱左口魚、比目魚），曬成乾之後烤香，再研磨成粉使用。市售有罐裝的大地魚粉，風味雖不及現烤現磨來得香，卻因降低前製處理的門檻，而讓消費者保有購買意願，因此讓大地魚乾不那麼快成為失傳的經典食材。當然，講究者仍會購買原條魚乾再遵循傳統做法，拆骨後以文火緩緩爆香、研磨成魚粉再入菜。

是「鹹魚返生」還是「鹹魚翻身」？

鹹魚是經歷烈陽與海風洗禮的食材,故在廣東話裡有句俗諺:「鹹魚返生」,但在香港以外的地方則常被寫作「鹹魚翻身」我曾以為「返生」是錯別字,煎魚要翻面,「翻身」聽起來似乎更合理,不是嗎?

直到熟悉廣東話之後,才明白過往老一輩的人會以「鹹魚」暗喻「死屍」,而廣東話所說的「返生」就是「復活」,理解了鹹魚的隱喻,便能明白「鹹魚返生」這四字充滿奇蹟,意指從毫無希望的死寂,轉為復活重生,十分傳神。

在香港的舊時飲食裡，不只將鹹魚入菜或炒飯，例如鹹魚雞粒炒飯、鹹魚炒菜、鹹魚煎肉餅等。甚至將鹹魚頭物盡其用，煮成「鹹魚頭豆腐芥菜湯」。不過，在書寫這篇文章時，我仍未突破在家做鹹魚料理的心理障礙。記得有一次在街道上行走時，突然聞到一陣鹹魚味，不知是哪一戶或哪間餐廳正在煮鹹魚，那強烈的氣息可真不輸給韓國的清麴醬湯。雖然常被形容為臭襪子味的清麴醬湯對我來說能接受，但聞到商家或鄰居家傳出煮鹹魚時飄出的氣味，鹹魚味的霸道程度似乎更勝一籌。關於在家料理鹹魚這件事，我暫時投降！

川式魚香茄子無魚，香港版本的魚香茄子卻有魚

魚香在川菜料理的二十四種味型中，其中有一道「魚香」味型指的是使用蔥、薑、蒜及泡椒的辛香料調味組合，不使用魚，卻能帶出如同有魚鮮般的酸辣鹹鮮味。

台灣版的魚香茄子則延續了川式辛香料組合，並將泡椒改為台灣當地較容易取得的辣豆瓣醬。以往評斷魚香茄子料理時，認為不加魚才屬正統的標準，來到善用海味的香港後便有了改變，香港版的魚香茄子反而加入了鹹魚，以增添鹹鮮的「魚香」。

飲食隨著人口遷移落腳各地，因應不同地方的風土民情演化成當地特有的樣貌，真是很有趣哩！

酸酸的美味：風味醋

醋能爲料理解膩、增加清爽口感及提味，同時增加味道的豐富度，以下是香港常用的各種風味醋。

喼汁（伍斯特醬）：風味複雜且東西方料理通用

喼汁（粵拼：Gep¹ Zap¹）起源於英國英格蘭的伍斯特郡，原名爲 Worcestershire sauce，因此在台灣音譯爲「伍斯特醬」，上海則稱其爲辣醬油，在日本則有改良版，稱爲中濃烏醋。

喼汁的風味組成複雜，除了鹽和糖之外，還有酒醋、麥芽醋、羅望子的酸、鹹、甜，魚露的鮮，以及蒜、辣根和其他辛香料帶來的微辣。在香港飲茶場所吃點心時，喼汁經常搭配陳皮牛肉丸食用，也會在茶餐廳搭配平價鐵板牛排和家庭式煎牛排，是一款東西方料理通用的醬料。

◀喼汁可做成山竹牛肉或陳皮牛肉丸、豉油西餐鐵板牛排等。

Chapter 2 味覺・風味與調味品

不少香港家庭的冰箱都備有一罐喼汁，在做家庭式牛扒或油炸食物時，沾點喼汁，味道更立體。我個人偶爾有異想天開的冒險組合，例如將日本的 Q 比蛋黃醬（Mayonnaise，台灣稱美乃滋）加入紅蔥頭細末、芫荽籽粉、乾燥番茜葉和極少喼汁，攪拌均勻混合成炸物沾醬。

甜醋：可煮做月子的豬腳薑

甜醋是使用糯米、糖、陳皮、花椒、丁香、桂皮與八角製成黑褐色風味醋。甜醋通常與豬腳、水煮蛋及大量薑片滷製成深褐色的「豬腳薑」。許多外地人初見豬腳薑時，容易誤認為滷豬腳配滷蛋。然而一入口總會讓人「稍微定格」，因為豬腳薑非鹹味，而是酸甜的醋香、老薑辣及辛香料香氣。

驅寒祛風的豬腳薑更是香港經典的月子料理，我曾聞到鄰居家飄出醋味，才知鄰居的奶奶喜獲孫輩，因此煮豬腳薑做月子。當然，即使不是產婦，一樣也能吃豬腳薑。

▲ 豬腳薑乍看像台灣的滷豬腳，風味卻是絕對意想不到的辣薑酸甜風味。

台灣胃看香港餐桌

在香港，以「八珍甜醋」最為馳名，到香港旅遊時，不妨抽空前往位於旺角的八珍醬園，店內不僅販售甜醋，還有許多其他特色醬料和傳統食品可供選購。實不相瞞，在香港生活的這些年裡，我在每個農曆年必訂的蘿蔔糕、年糕及新年才有的芋蝦，就是八珍出品。

浙醋：以清新溫和酸味提升風味

清澈的紅色是「浙醋」的特徵。來自浙江的大紅浙醋，通常使用糯米、花椒、八角、桂皮、丁香，並加入紅麴調色。浙醋雖非香港的原生調味品，卻經常與本地飲食搭配，例如香港的雲吞、宴席餐廳裡的羹湯，以及街頭的碗仔翅等，都可加入浙醋提味，解膩之餘又增添風味層次。因此在香港本地的醬料老品牌們，都有販售自家製的浙醋。

> **話你知**
>
> 奶奶、婆婆、祖母，在港台的稱呼大不同。「先生的母親」在香港稱為奶奶，在台灣稱為婆婆。「父親的母親」在香港稱為嫲嫲，在台灣稱祖母、阿媽。

Chapter 2 味覺‧風味與調味品

▲左圖爲大紅浙醋配碗仔翅，不小心失手加了太多；右圖爲香港雲吞麵，可加入少許浙醋提味，但同樣別加太多。

蟹醋：帶有焦糖香與鮮薑的風味黑醋

在香港，人們享用清蒸蟹時，習慣將黑醋加入薑絲和糖加熱，煮成吃蟹時沾取的風味醋汁，在凡事皆可商品化以換取時間的香港，便有醬料商生產使用糯米醋、白砂糖、食用鹽、麥麩、薑汁及焦糖色素做成「蟹醋」。

此外，清蒸螃蟹還會加入乾燥紫蘇葉，吃螃蟹時沾著帶有薑味的蟹醋，可平衡螃蟹的寒氣，吃完螃蟹後，還會用糖與薑片煮成薑湯享用。蟹醋除了搭配螃蟹，也能用來沾餃子和小籠包。

東西皆通的豉油魅力：
香港特色醬油

香港的豉油種類多，每種都有不同風味和用途，豉油不只是香港本地飲食的靈魂，甚至在一些豉油西餐裡也能見到其蹤跡。

頭抽：豉油的第一道精華

頭抽是釀造大豆醬油時第一次提取的豉油，風味最為醇厚。具有獨特的發酵香氣，鹹中帶鮮，最適合搭配水煮川燙的食物及生食料理，提升風味層次。

生抽：鮮中帶鹹之選

生抽是從頭抽提取後再次提煉的醬油，顏色較淺，鹹味較重。常見於炒粉、炒河粉及各類中菜的調味，由於上色度不高，經常與上色用的老抽一起混合使用。

老抽：深色甜美上色

老抽是生抽的加料版，在生抽中加入焦糖。流動性比生抽略黏稠，鹹味淡、鮮味較低，風味帶微甜，醬色濃厚，能為料理增添美味的深棕色，常用於燒、滷、炆等需要長時間製作的紅燒燉煮或滷製菜，也適用於需要快速上色的快炒料理，例如醃肉、炒牛河及炒麵。

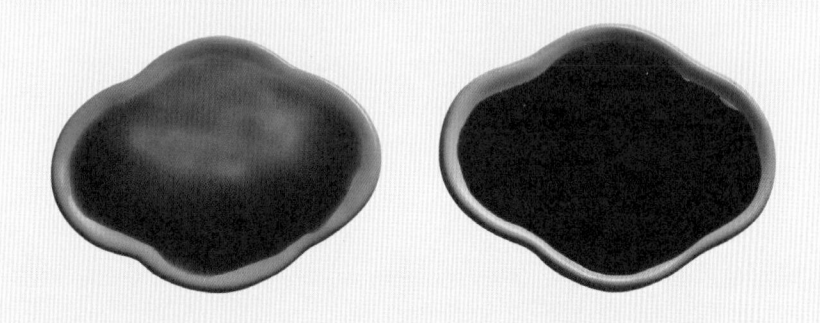

▲左圖為「生抽」，醬色淺，風味較鹹鮮；右圖為「老抽」醬色深且流動較慢，風味較甘潤。

調味豉油：甜豉油、蒸魚豉油、芫荽豉油

甜豉油屬於調味過的風味醬油，混合了糖、上湯或水、生抽、老抽，可加入豬油後搭配小吃一同享用。例如蒸飯、煲仔飯、魚肉燒賣或腸粉等，皆可淋上甜豉油提味。

台灣胃看香港餐桌

專為蒸魚而生的蒸魚豉油同樣也屬於調味過的風味醬油，以生抽為底，加入水、糖、美極、魚露，再加少量老抽調色。有些店家自製蒸魚豉油時，也會在烹煮醬汁時放入香菜根增添香氣。

▲荃灣江湖小棧的的煲仔飯，上桌時會淋幾圈店家提煉的豬油，再淋幾圈搭配煲仔飯的甜豉油，加蓋後燜兩分鐘後攪拌均勻，即得帶有少許焦香的美味煲仔飯。

・江湖小棧：荃灣鱟地坊 30 號寶成大廈 1 號地舖

Chapter 2 味覺・風味與調味品

其他調味品與醬料

　　有些調味品與醬料看似不起眼，在重視風味堆疊的香港飲食裡，卻是不可或缺的靈魂角色。不論入菜或作爲沾醬，都能瞬間爲料理注入跳躍感的靈動滋味。香港版本的芝麻醬以更絲滑的口感見長；腐乳和加入紅麴發酵的南乳，雖然常隱身於菜式中，卻是重要的調味點睛；源自潮州的沙嗲更完美融入香港日常，不僅成爲茶餐廳沙嗲牛麵的經典，還化身爲火鍋裡的濃郁沙嗲湯。接下來分享那些在日常裡低調如配角，卻又無法取代的調味品與醬料。

香港沙嗲醬：從潮州到香港的醬料

　　沙嗲醬在香港有著多種用途，例如茶餐廳裡常見的沙嗲牛，或做成南洋風味的沙嗲火鍋湯底，拿來打甂爐[註1]（台灣稱煮火鍋）和食材同煮。香港沙嗲醬延續了潮州沙嗲醬那半甜半鹹的花生醬風味，除了薑黃、乾蝦米及厚重的花生醬香氣之外，香港沙嗲醬更加重了花生醬及辛香料的比例，使得風味層次豐厚。有趣的是，同樣是沙嗲醬，隨著潮州人

口移居到台灣後，同樣因應在地人的飲食偏好，刪減了花生醬並加入更多的扁魚，變成了台灣人熟知的沙茶醬[註2]。

香港腐乳與南乳：入菜沾醬皆宜

　　與台灣的甜酒豆腐乳風味不同，香港腐乳更接近台灣的鹹味麻油白腐乳，需先調製成醬再入菜或作為沾醬。在香港，會做成椒絲腐乳炒通菜，或將豆腐乳、熱米酒及糖混合成醬汁，淋在灼通菜上拌勻著吃。香港人在冬季會吃羊腩煲，烹調羊肉時也會加入南乳一同燉煮，食用羊腩煲時則沾著腐乳醬吃。台灣人吃羊肉爐時也習慣以腐乳醬當成沾醬，真是有趣的共通之處。而南乳是加

▲左圖為使用南乳的羊腩煲；右圖為香港本地的腐乳醬。

註及參考資料：
1. 吃火鍋的廣東話為「打邊爐」。
2. 《沙茶—戰後潮汕移民與臺灣飲食變遷》2020年前衛出版，曾齡儀著。

入紅麴製作而成的紅色豆腐乳,味道醇厚帶甜,非常適合滷製、炆燉。在香港的傳統飲食裡也有許多使用南乳製作的料理,例如南乳炆豬腳,或者南乳齋煲,以及當成羊腩煲時的基底材料之一。

芝麻醬:港式風格絲滑又細膩

▲左圖為香港芝麻醬,質地細緻絲滑,適合做沾醬;右圖為台灣芝麻醬,厚重味濃,調味後可拌麵。

用芝麻研磨製成的醬在港台兩地雖都稱為芝麻醬,但質地與風味卻有港產及台產兩種風格之分。台產芝麻醬厚重微澀,需調製後再入饌;而在偏好「絲滑」口感的香港,港產芝麻醬加入了更多油脂攪拌,質地細膩又絲滑,常搭配混醬豬腸粉、粥店腸粉及炸兩食用。雖然都是芝麻醬,但港產芝麻醬就不那麼適合拿來做台灣的芝麻醬拌麵喔。

台灣胃看香港餐桌

咖哩膽（咖哩醬）：濃縮的辛香料味

香港茶餐廳的港式咖哩大多使用咖哩膽，所謂的咖哩膽是預先將辛香料，例如紅蔥頭、薑、蒜、香茅碎、鹽、糖，以及多種不同香料粉與油品一起炒成濃縮的咖哩醬。

柱侯醬：深厚醇香風味

柱侯醬是用黃豆發酵的豆醬為基底，加入白腐乳、芝麻醬、丁香、陳皮、甘草、蒜、鹽、糖熬製而成的深色風味醬，風味厚重且醇香。適合用來紅燒、炆（廣東話讀音類似台灣的「燜」字），在香港飲食裡常見的柱侯醬料理有柱侯蘿蔔牛腩、柱侯燒雞等。

▶上圖是柱侯醬，下圖是柱侯牛腩。

蠔油：鮮美濃稠的牡蠣精華

在香港通常將牡蠣稱爲「蠔」，蠔油是以牡蠣熬製濃縮而成的調味品，味道鮮美、質地濃稠，常與生抽及老抽一同搭配使用。乍看之下，雖然與台灣的醬油膏很相似，卻不屬於醬油家族。不過，有時我在香港家裡做台式涼拌豆腐時，若手邊沒有台灣醬油膏，也會用蠔油來取代，美味不減。

蔥油醬：鮮香的蔥薑蓉

蔥油醬是燒臘店常用來搭配切雞（白切雞）及玫瑰豉油雞（油雞）時附上的醬。蔥油醬做法簡單，將新鮮的蔥青切成比較粗的蔥花，鮮薑切塊後拍碎，再細細剁切成蓉狀，加入少許細鹽攪拌後，沖入滾燙熱油，均勻攪拌即完成。

◀ 左圖是蠔油，右圖是蔥油醬。

台灣胃看香港餐桌

▲左圖為沙薑,台灣稱為「山奈」;右圖為沙薑油。

沙薑油:獨特風味的調味品

沙薑在台灣被稱為「山奈」,是有別於薑的獨特香氣,若在香港吃「沙薑鹽焗雞」時,經常會沾取使用沙薑粉製成的沙薑油來食用。沙薑油的做法不難,以沙薑粉、新鮮沙薑蓉、鹽、雞粉和少許白胡椒粉為基底,加入熱油和芝麻油調製成微微濃稠狀即完成。買不到沙薑粉時,可直接改用含有沙薑及鹽的鹽焗雞粉,直接加入熱油與芝麻油調製就可以。

金銀蒜蓉醬:蒜香的無限魅力

金銀蒜蓉醬是蒸煮海鮮時的必備調味品。將熱油炸至金黃的蒜酥混入一半生蒜蓉,如此稱為「金銀」,以適量鹽調味後便能裝罐保存。成品有蒜酥及生蒜的香氣交織,層次豐富,可用於蒜蓉蒸蝦、蒜蓉粉絲蒸扇貝等料理上。

▲在香港街市的海鮮區就能買到新鮮扇貝,開殼後擺上泡過水瀝乾的粉絲,再放上一勺金銀蒜蓉醬後入鍋快蒸,簡單又美味。

174

美極鮮醬味露：提鮮絕佳法寶

　　這是由小麥發酵製成的深色調味汁，味道鮮美，帶有濃郁的鮮味和香氣，可作為沾醬，或在調味時增添帶發酵風味的鹹鮮味，在平價的茶餐廳裡也會用美極與牛肉粒製成惹味鹹鮮的美極牛肉炒飯。近年還推出了加入帶花椒香麻及小米辣椒的鮮辣汁。

保衛爾牛肉汁：舊時營養品

　　這種醬料源自於世界大戰時期的英國，當時用來為英軍補充營養，最初使用牛肉濃縮製作而成，後來改以酵母製作。保衛爾牛肉汁的風味與澳洲的酵母馬麥醬相似。早期由英國帶入香港，並在香港茶餐廳裡供應，不過隨著時代富足，牛肉汁飲品（牛肉茶）已從茶餐廳裡消失了。

醬菜與醃漬菜

承襲了舊時人們保存食材的智慧，醃製和發酵的蔬菜不只是延長保存期限的加工食品，還會因為醃漬發酵過程而讓食材產生不同風味和口感。在香港，有來自不同的地方傳入的醬菜與醃漬菜，並巧妙地融入到本地飲食裡，更隨著時間逐一形成了香港特有的組合。

鹹香梅菜：香港的甜梅菜與鹹梅菜

用芥菜鹽漬後日曬製成的梅菜（梅乾菜）隨著客家人遷徙而來到香港，更分成了鹹中帶甜的甜梅菜，以及傳統的鹹梅菜。

通常我習慣買甜、鹹兩種梅菜，再混合使用。料理時，我會把原本使用三層豬腩做成的梅乾扣肉，改為少油版本的豬絞肉，兩種梅菜皆稍微沖洗再泡水，捏乾後切成細末，與豬絞肉和蔥薑水混合，製成肉丸，可入鍋蒸、煎或水煮，吃起來比三層肉做成的梅干扣肉更清爽喔。

▲圖左為甜梅菜，圖右為鹹梅菜。

Chapter 2 味覺・風味與調味品

爽口榨菜：芥菜頭的醃漬品

在香港街市的醬菜店裡，能買到原味及辣味榨菜這兩種，榨菜也逐漸與香港飲食融合，例如上海小麵館裡的榨菜肉絲麵（右圖）、茶餐廳裡的榨菜肉絲米粉，煲仔飯及蒸飯，都能見到榨菜的蹤跡。

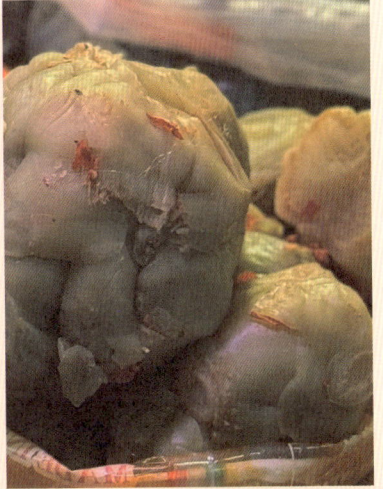

▲左圖為原味榨菜，右圖為辣味榨菜。

台灣胃看香港餐桌

雪裡蕻：香港街市裡的兩種雪菜

雪菜是以雪裡蕻與鹽搓揉後醃製而成的醃菜，在香港街市的豆腐攤位裡，通常販售兩種醃製程度，外觀是黃褐色和鮮綠色。

雪菜常出現在上海和蘇浙菜系裡，例如上海餐廳的雪菜百頁，以及上海麵店裡的雪菜肉絲麵。雪菜這個食材，和香港本地飲食融合後也進化了，許多香港茶餐廳都會販售雪菜肉絲米粉，這便是將上海風味的雪菜肉絲麵換成米粉，再將西式的忌廉雞湯稍加稀釋，就是能快速上菜的茶餐廳常餐——雪菜肉絲米（雪菜肉絲湯米粉）。

在台灣，把雪裡蕻寫作同音的「雪裡紅」，可前往傳統市場的醃菜店購買。除了配湯麵，也能炒豆乾，我曾將雪菜炒豬絞肉後混入蛋液裡做成煎蛋，結果非常好吃～清冰箱時總能爆發奇妙組合。

▲左圖為雪菜肉絲米（雪菜肉絲湯米粉）；右圖為香港常見的雪菜，醃製程度不同。

Chapter 2 味覺‧風味與調味品

▲左圖為潮州粉麵店的冬菜；右圖為冬菜牛丸（攝於旺角傳承清湯腩）。

冬菜：帶著蒜香的美味

冬菜是用大白菜製作，混合大蒜、鹽後脫水，再醃漬發酵成淺褐色的醃漬菜，風味鹹香且帶有濃厚的蒜味。在香港某些潮汕粉麵行裡，會擺放一罐冬菜供食客取用。

冬菜對台灣人來說，同樣也是熟悉的醃漬菜風味，例如冬菜鴨肉冬粉，便是十分具有台灣特色的冬菜運用，甚至還被做成用熱水沖泡即可吃的速食版本。不過，香港的冬菜主要侷限於潮汕粉麵行裡，甚至不是每家都有提供。

人在異地，有時胃思鄉時，我會特地前往有供應冬菜的潮汕粉麵行，例如位於荃灣前身原是雄記粉麵的「生記魚肉粉麵」，點一碗魚皮餃和魚片湯河粉，加一勺冬菜配著吃，這樣的組合讓我找到了與台灣連結的熟悉風味。人在異鄉要如何照顧自己？胃安好了，心就安。

台灣胃看香港餐桌

▲鹹酸菜在香港街市裡經常俗寫為咸酸菜；上圖為包心芥鹹酸菜，口感爽脆、味溫潤偏甘甜；下圖為大葉芥菜製作的鹹酸菜，鹹酸鮮明。

Chapter 2 味覺・風味與調味品

鹹酸菜：
又鹹又甘，入湯與做菜皆可

　　鹹菜隨著潮汕人遷徙到香港，與潮汕飲食一同落地生根。以芥菜與鹽、米湯（洗米水）、南薑醃漬發酵製成的鹹酸菜，在香港街市裡也有兩種類型：一種以大葉芥菜製成，鹹酸味鮮明；另一種則以包心芥菜製成，厚莖且口感爽脆、風味鹹酸偏甘。

　　有趣的是，在香港潮州餐廳裡的開胃小菜多以包心芥菜鹹菜製作，在香港街市又被稱為「潮州鹹菜」。鹹菜可用於炆燉、涼拌、炒菜及湯品，例如香港潮州餐廳常以鹹菜切粒配炸花生、黃瓜的開胃小菜，以及用鹹菜、豬肚與白胡椒煮成鹹菜胡椒豬肚湯。

▲上圖為白胡椒鹹菜豬雜湯；下圖為香港的潮式餐廳頭盤開胃鹹菜。

台灣胃看香港餐桌

▲上圖為菜脯與陳年老菜脯；下圖為狗仔粉，加入辣菜脯一起享用。

Chapter 2 味覺・風味與調味品

▶帶有陳年菜脯香的「雙色菜脯蛋」是我在香港生活時滿足台灣胃的思鄉料理之一。

菜脯與陳年老菜脯

　　白蘿蔔鹽漬後曬乾數次，即成為卡其色的甘香菜脯，香港人常將其切成細末，再與辣椒及大蒜炒製成辣菜脯，搭配平價的米製狗仔粉，既便宜又有飽足感，因此狗仔粉深受藍領階級的青睞。

　　而來自於潮州，適合長期保存的陳年老菜脯在台灣同樣也有，老菜脯經過長時間發酵後逐漸轉為黑褐色，風味變得更有層次且帶甘甜。陳年老菜脯的美味需要時間轉化，因此在台灣，還按年份售有不同價位。

　　香港的潮州餐廳能看到加入陳年老菜脯煮成的鹹粥，陳年老菜脯在香港的售價只比普通菜脯高一點，不會貴太多，因此有一回胃又犯思鄉時，便將台式菜脯蛋改版：霸氣地陳年老菜脯混合普通菜脯，先以米酒浸軟老菜脯後捏乾，再將兩種菜脯全切成半個米粒大小的細末，混合蔥花及蛋液，再以稍重的油，半煎炸為邊緣酥脆且帶醬香的「私房金銀菜脯蛋」，味道非常好，唯需拿捏菜脯比例，免得太鹹。

CHAPTER 3

觸覺・口感與質地

唔錯喎！

都幾爽口！

「不錯ㄋㄟ～口感滿好！」

在香港飲食中，口感是評斷食物好壞的重要標準之一，甚至與味道評價同等重要。不只味道要好，質地和口感還要達到平衡。煲粥要綿、炒麵飯要乾身（不帶湯汁）有鑊氣、肉類海鮮及蛋白質食物要滑；對於口感也很講究，例如蔬菜瓜果要爽、油炸及烘烤要脆或鬆化、該彈牙的麵食要煙韌；飲用的湯水味道得濃郁卻不濃稠，滋養類的湯水則要潤而不膩；至於失敗的食物，同樣也有許多詞彙可以形容。飲食的口感不只是對食物的描述，更是對料理的要求。本章節會透過形容食物的口感與質地的詞彙，帶你吃懂香港的飲食偏好。

Chapter 3 觸覺・口感與質地

滑與𢯎：滑嫩與乾柴

在香港生活的日子，每日三餐必定聽見人們形容食物「滑」或者「𢯎」，這兩個在廣東話裡經常用來形容食物的字，指的是什麼意思呢？

滑
〔粵拼：waat⁶〕

𢯎
〔粵拼：haai⁴〕

滑：飲食偏好與烹飪技巧的關聯

滑，很容易理解為滑嫩的滑，但在香港，會被形容為「滑」的食物不只適用於肉、蛋及海鮮等食材，有時也會用來形容奶茶或含奶飲品。

料理時，如何保持肉類滑嫩？從烹飪科學的角度來看，運用溫度讓肉類保持滑嫩的原理，正是將烹調溫度控制在 60～75℃ 之間，能避免肉類因溫度過高而流失水分的狀況。

187

浸泡才會嫩的雞肉料理：浸雞

滑，不只是香港人偏好口感的形容詞，同時展現了香港廚師們精準掌控火候的技術。例如香港餐廳的白切雞與海南雞，皆偏好使用「浸雞」技巧。

浸雞時，需準備深度足夠的湯鍋，在鍋內加入各家配方的上湯，煮至沸騰後維持中火，以手提住雞頸，將整隻雞浸入湯中，心裡默數二十至三十秒後提起，接觸空氣數秒冷卻，如此反覆三、四次。接著，轉小火或關火，再次提起整隻雞，讓雞胸朝下，好將全雞徹底浸入水底，以低溫浸泡二十至三十分鐘。浸雞接近完成時，另取鋼盆放入大量冰塊後，加入雞高湯或煮過的冷開水，避免使用生水浸泡，以降低食安風險。

將浸泡完成的雞立刻浸入冰水降溫的步驟，是爲了避免雞肉內部持續升溫，導致蛋白質過度凝固或過熟，並且使雞皮保持爽彈緊實，雞皮下的膠質也會冷卻爲水晶果凍狀的雞汁凍。如此費工完成的浸雞，肉質滑嫩到幾乎入口卽化，這便是香港人偏愛的雞肉口感——「滑」。

除非必要，否則我很少在繁忙的香港生活裡自製「浸全雞」，但是曾在新年家宴時混搭運用香港式浸雞手法，結合台式花雕醉

▲左圖是香港白切雞,以肉滑皮爽為特色,與台灣白切雞的軟嫩帶咬勁有所不同;右圖是台式花雕醉雞卷配上港式浸雞控溫技巧,作出混血版的滑嫩醉雞卷。

雞卷的風味,以「港台混血」方式製作出滑嫩的「無骨花雕醉雞卷」,肉質更加滑嫩,上桌瞬間被大家秒殺。

港台兩地對於滑嫩雞肉的標準不同,你是哪一派?

台灣白斬雞的完美熟度,也非全熟(在香港稱為「白切雞」或「切雞」),全雞斬件(分切)後,雞骨內仍稍帶血,此時熟度剛好,肉質柔軟且保有適當嚼勁。隨著咀嚼,逐漸釋放雞肉的鮮甜味,維持了嚼勁,鮮味也濃。在香港,常有人形容「這雞,吃起來有雞味」。

相對於台灣對雞肉軟嫩度的標準,香港對雞肉的標準則是更加追求「減少咀嚼」的滑嫩度,因此在香港,白切雞與海南雞皆偏向選擇脂肪更多的雞隻,並且運用浸雞的技巧保持雞肉滑嫩,不過,越滑的雞,「雞味」也會稍微淡了一點。對雞肉滑嫩的不同標準,正是港台兩地飲食偏好的差異,但這只是種取捨,孰非優劣。

理解了不同地方的飲食差異,以及各自的優點後,現在的我會這麼問自己:「今天想體驗哪一種風味?是港式的滑嫩或台式的鮮甜與嚼勁?」

港派演繹海南雞飯,變得滑上加滑

如同羅宋湯究竟屬於烏克蘭或俄羅斯?海南雞飯在馬來西亞和新加坡也有激烈的討論,海南雞飯到底是誰的?如今各自的答案聽來都好像有點道理,在有定論之前,人們早已透過商業交流,將這道料理傳播到世界更多角落。

飲食的流通因風土人情而產生在地化的演變,海南雞飯到了香港也不例外。迎合本地人的飲食喜好,運用粵菜的浸雞手法,讓海南雞飯裡的雞「滑上加滑」。此外,薑蓉也融入了港式蔥薑油的元素,改成帶有青綠色澤的蔥薑蓉。

「入境隨俗」後的海南雞飯在香港也受歡迎,除了專賣店,就連泰式餐廳、茶餐廳、冰室都可以見到海南雞飯的蹤跡。

──香港本地搭配海南雞飯的靈魂配料──

薑蓉	蔥薑蓉	蔥薑油

　　在香港，滑嫩的雞料理是每一家店的基本標準，不過我心裡仍有兩間私心喜歡的愛店。藏身在尖東好時中心大樓的「好時沙嗲」樓上鋪^{話你知}，是我在香港生活中初次造訪的海南雞飯店。他們選用油脂豐富的雞，並以雞上湯將雞浸熟，上桌前為顧客去骨，搭蔥薑蓉、黑豉油、辣醬三種沾醬。好時沙嗲的海南雞，正是嘴巴不需勞動的「滑」，我在這間店用餐時，瞬間明白港台兩地對雞肉口感的喜好差異。

在好時沙嗲吃海南雞,有不同選擇。有時簡單選海南雞飯套餐,包含一盤去骨雞肉、熱騰騰的雞飯與一碗湯,是最經濟且有效率的選擇。而晚餐時分與家人朋友前往,我會選半隻雞,再額外點店裡供應的其他東南亞風味菜式。

▲好時沙嗲的海南雞半隻,附上蔥薑蓉、甜味黑豉油、辣醬,入口滑嫩。

話你知

樓上鋪〔粵拼:lau⁴ seung⁶ pou¹〕
在香港,許多店家如餐廳、診所、美容院、髮廊甚至商鋪,不一定在地面的店面營業,而是在商業大樓裡。這些不在街頭的店,被稱為樓上鋪。

Chapter 3 觸覺・口感與質地

▲ 雞髀（雞腿）滑上加滑，雞胸軟嫩多汁且肉鮮味足。雞髀的廣東話讀音為「gai¹ bei²」，香港人用「髀」來稱呼雞腿部位，例如雞髀、鴨髀、大髀，更多港台用語對照請參閱本書附錄。

　　近年來，在香港新開了一家海南雞飯品牌「全日雞實驗室」，以自行研發的浸雞設備，像泡溫泉般，一次浸泡多隻雞，而推出了「溫泉雞飯」。店內專注於製作雞的料理，套餐設定也根據不同雞肉部位分為幾種套餐選擇。

　　常見的雞肉部位有雞胸、雞翼、雞上髀，以及雞肉風味最濃郁的雞胸與雞柳部位。浸雞能讓容易乾柴的雞胸軟嫩多汁，同時保有濃厚鮮味；追求極致滑嫩體驗的饕客可選擇雞髀部位的套餐，均去骨供應，若想過足大口吃肉的癮，就單點半隻或一隻雞，甚至選擇例牌（將雞劈成十字狀，為四分之一隻），例牌更可細分為「上庄」或「下庄」。即使只專注於賣海南雞飯，也迅速在香港贏得了一批忠實顧客。

193

台灣胃看香港餐桌

雞翼
（台灣說法：雞翅）

雞翼槌
（台灣說法：小雞腿、雞翅腿）

雞翼尖
（台灣說法：雞翅尖）

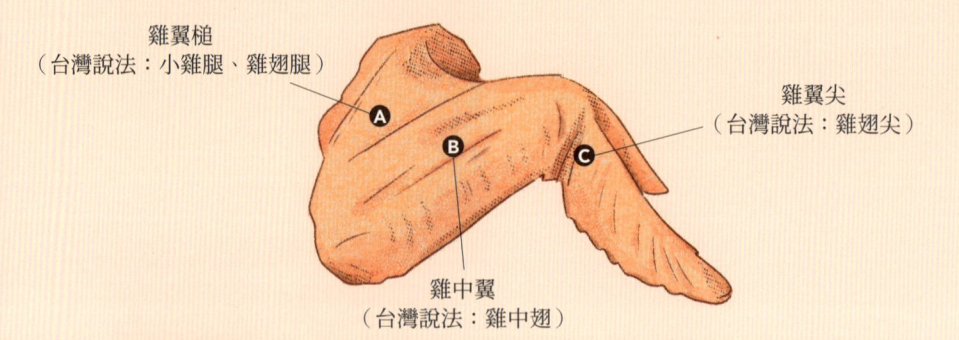

雞中翼
（台灣說法：雞中翅）

香港說法	雞翼	雞翼槌	雞中翼	雞翼尖
台灣說法	雞翅	小雞腿、雞翅腿	雞中翅	雞翅尖

雞全髀
（台灣說法：大雞腿）

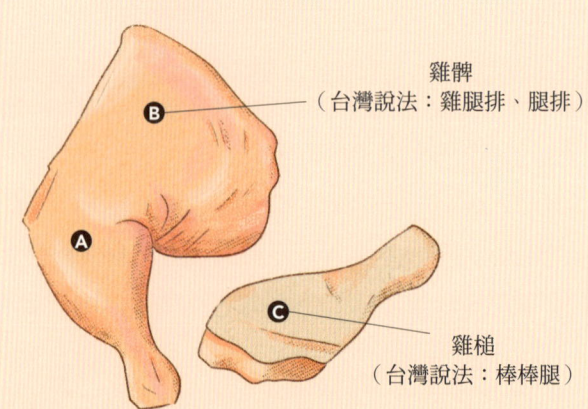

雞髀
（台灣說法：雞腿排、腿排）

雞槌
（台灣說法：棒棒腿）

香港說法	雞全髀	雞髀	雞髀
台灣說法	大雞腿	雞腿排、腿排	雞腿排、腿排

Chapter 3 觸覺・口感與質地

▲半隻／上庄／下庄〔粵拼：bun³ zek³ / seung⁵ jong¹ / ha⁶ jong¹〕
香港店家在分切雞、鴨、鵝等肉類時，除了半隻雞或整隻雞的選項之外，還有四分之一隻的選擇，將整隻雞縱向對半切爲半隻，半隻再分切爲上半部與下半部，分別稱爲「上庄」和「下庄」。

- 好時沙嗲：尖沙咀麼地道 63 號好時中心一樓 144-148 號舖
- 全日雞實驗室（北角）：北角和富美食廣場 C1 及 C2 號舖
- 全日雞實驗室（旺角）：旺角通菜街 80 號地舖

好滑的魚：煮至剛熟，上桌後熟度剛好！

對於「食嘢奄尖」重視海鮮熟度的香港饕客來說，魚肉滑不滑，也是評斷食物的標準之一。因此在吃魚時，也經常能聽到人們用「滑」或「䊆」來形容口感。

製作魚料理需要巧妙地控制溫度和時間，如果蛋白質被過度烹煮，容易變得乾柴，因此需要精準掌握烹調時間與火候。香港人製作魚料理，通常將魚煮至「剛熟」，意即大約九分熟的狀態，由於熱度會在上桌過程中繼續傳遞，侍應將料理端上桌後到達食客面前時，魚肉已呈現「剛剛好熟了」的程度。

此時以筷子稍微夾開魚肉，可看見魚肉與魚骨間，有點黏卻又不太黏的狀態。這就是烹煮時間掌控要精準，快了可能未熟，慢了則過熟。

> **話你知**
>
> **奄尖**〔粵拼：jim¹ zim〕
> 挑剔原為貶義，但後來被當成形容擁有個人的標準要求。例如：佢食嘢好奄尖！（他對吃東西有要求）

▲ 再生一點就是沒熟，再熟一點就是太熟。

Chapter 3 觸覺・口感與質地

▲ 香港魚湯是以魚肉煲出奶白湯底,過濾魚肉後只留下奶白魚湯。若湯中可見到魚,必為後來加入的(攝自魚鱻魚湯專門店)。

到香港的魚料理專賣店嚐嚐滑嫩滋味

我不時會特意前往一間魚肉專賣店,店名為「魚鱻魚湯專門店」,那裡的「整條魚」系列,從魚肉的熟度與滑度到奶白色的魚湯底,都與帶鮮辣薑味的台灣清澈魚湯截然不同。

通常在香港的奶白魚湯裡「看不見魚」,是因為當地飲湯習慣與煮湯技法不同所致,對此有興趣進一步了解的讀者,可參閱我的前作《四季裡的港式湯水圖鑑》。將魚煎香後注入熱水,使用大火將魚肉煲煮至破碎,油脂與蛋白質加熱後乳化,讓原本清澈的湯水逐漸呈現奶白色。當煲完奶白魚湯底後,破碎的魚肉被視為「湯渣」而濾掉,只保留奶白色湯底。因此,在香港的奶白魚

台灣胃看香港餐桌

湯裡，如果還能見到魚片或整條魚，必定是後來放的。

簡言之，整條魚的奶白魚湯料理，用的材料恐怕不只是一條魚，因此每次想吃魚湯料理時，盤算自己的時間成本和食材成本後，我總會選擇外食「幫襯^{話你知}」店家。說到底，除了懶，也是自認技術不比專家！

話你知

幫襯〔粵拼：bong¹ chan³〕
香港說的「幫襯」，換成台灣說法就是「捧場」或「用新台幣下架」。例如感謝購買並閱讀這本書的您：「多謝幫襯」。

◀台灣魚湯通常湯色清澈，會放薑絲蔥末，魚肉質地較有存在感。

邊度食 ・魚鱻魚湯專門店：荃灣路德圍 30 號地舖

Chapter 3 觸覺・口感與質地

茶餐廳裡的滑嫩炒蛋

▲左圖為「控溫推炒」的中式滑蛋；右圖為加入奶水的西式滑蛋。

　　西式的滑嫩炒蛋做法，通常是先將雞蛋打散並加入少許牛奶或忌廉（台灣稱鮮奶油），用中小火加熱鍋子，加入適量油，待油溫升高出現油紋後，即倒入蛋液，靜待幾秒等候底部稍微凝固，輕輕攪拌，使蛋液均勻受熱。蛋液開始凝固的當下就立即關火，利用鍋子餘溫繼續攪拌，讓蛋液慢慢熟成，完成的炒蛋質地既滑嫩又濕潤。在蛋液內加入忌廉與牛油讓炒蛋保持滑嫩的技巧，是運用忌廉裡的蛋白質、油脂及水分包覆住蛋液裡的蛋白質，避免水分蒸發過度而使得蛋液變得太老。

台灣胃看香港餐桌

有些師傅會在蛋液裡加入淡奶，以接近西式炒蛋的相同效果。若是不適合加入忌廉（台灣稱鮮奶油）、淡奶或奶水的中式風味菜式時，也可改用少許食用油與水（或生粉水），效果同樣出色。當然，「手勢」更好的師傅，僅憑藉著掌控火候的技巧，輕輕地將蛋液推動個四、五下，便能以控溫推炒的方式，將普通蛋液做成滑嫩的中式滑蛋。

話你知

師傅〔粵拼：si¹ fu²〕
在台灣會稱呼專業技藝的職人為「老師」，在香港則以廣東話稱「師傅」，更多時候「師傅」二字只在對第三方談話提及時使用，若對師傅本人說話時，大多直接稱呼英文名即可，尊重是互相且雙向的。

手勢〔粵拼：sau² sai³〕
手藝、技術精湛。例如：師傅手勢好好！（師傅手藝精湛！）

參考資料：
《料理的科學（二版）：好廚藝必備百科全書，完整收錄50個烹調原理與密技》2023年大寫出版，蓋·克羅斯比、美國實驗廚房編輯群合著。

▲ 日劇《晚酌的流派》中出現的韭菜炒蛋，我改用滑蛋技巧，加入紅蔥細末增香，再添一勺日本的桃屋辣油。

▲左圖爲韓式蒸蛋,直火烹煮再以石鍋保溫,因此也會出現如右圖的蒸蛋鍋巴,不同於香港蒸蛋的滑,韓式蒸蛋質地扎實,可作爲下酒菜。

香港滑嫩的「三色蒸水蛋」與台灣扎實的「三色蛋」

東亞各地的蒸水蛋料理風格多樣,製作方式與口感質地各有不同。以韓式蒸蛋爲例,使用石鍋將水煮滾後加入蛋液並持續攪拌,待蛋液逐漸凝固後停止攪拌,加蓋燜蒸。這樣的做法會讓蒸蛋成品略帶孔洞、邊緣微焦,適合當成下酒菜享用。

台灣有一道屬於涼菜的蒸蛋料理,叫作「三色蛋」,將蒸熟的鹹蛋與皮蛋切塊後混入全蛋液,不額外加水,倒入有深度的長方形容器,再入鍋蒸熟。放涼後切成薄片,搭配稍偏甜的台式蛋黃

醬——美乃滋食用。因為只使用蛋液不加水，質地扎實且易切成薄片，我每次在小吃店見到三色蛋，必點一份來嚐。

香港也有三色蛋，但質地更水嫩。使用生鹹蛋與皮蛋，在蛋液裡加入更高比例的水，放入淺盤中再入鍋蒸熟，完成後有時會淋上豉油增加風味，成品表面光滑無孔隙，入口滑嫩。香港蒸水蛋多用淺盤而非深碗，便於控制火候，避免過熱產生老皮或氣孔，也能加快蒸煮的速度。

▲左圖為台灣三色蒸蛋；右圖為香港三色蒸水蛋。

香港奶茶，茶濃奶滑

在香港，「手打檸檬茶」可不是「凍檸茶」，香港沒有「鴛鴦咖啡」，但有「鴛鴦」，而想喝「港式奶茶」，只需說「奶茶」。許多遊客來港朝聖奶茶與凍檸茶，卻不知所以然。簡單來說，茶餐廳的西式茶飲講究茶底，混用不同紅茶品種與粗細茶粉，再透過來回沖泡（撞茶）激發茶香，甚至連奶的選擇，都共同形塑了凍檸茶與奶茶的香港風格。

同樣稱為奶茶，但港台風格不同：台灣奶茶味溫潤，茶香適中且清爽，常用斯里蘭卡紅茶（Ceylon）、阿薩姆紅茶（Assam）製作，但不僅限於紅茶，連烏龍茶、綠茶、青茶也能調製奶茶，並配上鮮奶或奶精；香港奶茶味厚重，濃茶底配上淡奶，一飲入口便明瞭，為何在香港會以「滑」字形容奶茶。

香港超級市場裡的乳製品

種類	全脂牛奶 Milk	花奶／淡奶 Evaporated milk	煉奶 Condensed milk
乳脂含量	2.8～4%		
製作及成分	市售的牛奶皆使用巴特消除菌法 Pasteurized	將牛奶減少60%水分後的無糖奶水，可製作香港奶茶、炒蛋	加糖並減少水分的煉奶，在香港使用煉奶的奶茶稱為「茶走」

種類	淡忌廉 Light Cream	忌廉 Whipping Cream	濃忌廉 Heavy Cream
乳脂含量	20%（±5）	30～35%	36～40%
製作及成分	均質前的生乳乳脂含量約15～25%的製品，可入菜、湯及飲品	均質前的生乳乳含量約30～35%的製品，可打發鮮奶油	均質前的生乳乳脂含量約30～35%的製品，可製作手工奶油

註：
在香港將Cream以廣東話發音讀作「忌廉」，不過大多數香港人習慣中英文混用，更多乳製品的中港台名稱差異，請參閱本書附錄。

茶味十足，粗細有別的茶粉

香港茶飲的茶味豐厚，與台灣茶飲的輕盈截然不同，主要因為香港茶飲受到英治時期的影響，延續英式早餐茶的風味特徵，是混合多種紅茶分別研磨成不同粗細的茶粉，調配出不同比例，打造出層次豐富的茶底。

一般常見的茶葉混配元素包括：帶有清新果香的斯里蘭卡紅茶（Ceylon）[註1,2]、茶味濃厚鮮明的阿薩姆紅茶（Assam）、以及能增添鮮紅色澤的肯亞紅茶（Kenya）。

或許有人會想「吶！一款茶，放了檸檬就是檬茶，加了奶就是奶茶」然而，講究的店家，甚至會為了檸檬茶和奶茶分別調配

▲將不同風味特性的茶葉，分別打碎成不同粗細度，再相互調配出茶底。

茶底。例如檸檬茶底使用帶果香的斯里蘭卡紅茶（Ceylon）並提高比例，讓茶更適合搭配檸檬或水果。而奶茶的茶底，為了讓茶味不被淡奶遮蓋，則提高阿薩姆紅茶（Assam）的比例，並將茶葉研磨得更細，再搭配其他款研磨較粗的茶粉。

通常茶粉研磨有分成各種粗細度，再按不同比例調配。部分店家堅持以自家配方調配茶底；也有店家選擇向茶葉供應商直接採購訂製配方茶底。當然，這就是每個店家的商業秘密了。

▲將茶粉裝入細目茶袋內，以熱水沖出茶湯，再將茶湯沖回茶袋中，反覆「撞茶」。撞茶後，會將茶湯與茶袋一起煮成茶湯底，濃厚的茶湯底在香港稱為「茶膽」，加奶或檸檬即可供應顧客。

Chapter 3 觸覺・口感與質地

話你知

茶走〔粵拼 cha⁴ jau²〕
在香港，茶餐廳若以煉乳取代淡奶、糖製成煉乳奶茶，稱為「茶走」。部分茶餐廳的餐牌還保有茶走，但如今已很少寫在菜單上，在茶餐廳用餐時，可詢問看看有無「茶走」。溫馨提醒，茶走只有熱飲喔！

註及參考文獻：
1. 斯里蘭卡紅茶過往稱為錫蘭紅茶，於 2011 年根據官方規定，正名為「斯里蘭卡紅茶」。
2. 《紅茶之書：一趟穿越東方與西方的紅茶品味之旅》1996 年時報出版，磯淵猛著。

哾：形容食物質地粗糙、口感發澀

相較於「滑」表達正面的飲食感受，「哾」這個字對台灣人來說，就非常陌生了。哾的廣東話讀音為 haai[4]，類似漢語發音的「海」，在香港通常用來形容乾柴、粗糙的食物。會讓食物變成「哾」的狀態，大多是因為烹煮時的火候掌控不佳，使得食材水分過度流失了。

過去在廣東話俗語裡對於粗燥不光滑的物品質地，皆會借用如同粗糙樹皮的「榎[註2]」字來形容，並以破音字讀音近似廣東話發的「鞋」，廣東話口語為「哾」，書面語則寫「柴」。

肉品煮得不好，就會「好哾」的食物

香港煲湯裡的豬瘦肉經長時間煲煮後，雖然食材風味滲入湯裡，瘦肉卻變得乾柴且乏味，口感非常「哾」，因此煲湯裡的食材在香港被稱為「湯渣」。香港飲食重視火候掌握，例如魚肉煮至恰好的「剛熟」時，口感最「滑」，一旦魚肉過熟，便趨於緊實。從飲食裡的烹調技巧、魚種選擇與熟度控制，就能看見本地人的偏好。

最容易表現「囉」這個感覺的食材是煮得過熟的牛扒[話你知]與雞胸肉。過熟的雞胸肉因蛋白質變性的緣故，口感變得更緊實且失去水分而縮小尺寸，口感變得乾柴且拉長咀嚼時間。過老的雞胸肉，彷彿在嚼樹皮一般，這就是「囉」字帶來的感覺。

各種形容質地粗糙的字詞

豬、牛、羊、魚、家禽類（如雞胸）等肉類烹煮過度，導致口感粗糙乾澀時，會用「囉」來形容；若是煮得過久的蔬菜或蛋，改以「老」來形容；若是蔬菜收成太晚，導致植物纖維過粗的狀態，在台灣會說「太老」，在香港則說「多渣」。

> **話你知**
>
> 扒〔粵拼：paa²〕
> 肉排類食材在香港稱為「扒」，例如牛扒、豬扒、雞扒、魚扒，即是台灣說的牛排、豬排、雞排、魚排。

註及參考文獻：
1. 香港粵語（香港廣東話）使用繁體中文，並且分為口語及正式書寫漢語書面語。
2. 孔仲南（1933）《廣東俗語考》提及：「皮粗曰榾，凡物之粗澀不滑者皆謂之榾。」

腍與煙韌：軟嫩及嚼勁

香港飲食對於食物口感的描述，有許多豐富又細膩的詞彙。在前文提及的口感，是烹調時盡可能精準掌握時間，為保持食物口感的「滑」，接下來要介紹使用長時間燉煮，使食材變軟的「腍（粵拼：lam^4）」，以及咀嚼時能感受到彈牙有韌性的「烟靭」，現今多寫為「煙韌（粵拼：yin^1 ngan^6）」。

腍：長時間烹煮成就的軟嫩美味

「腍」這個詞是用來形容長時間燉煮後變得軟嫩的食物。當食物燉煮到膠質溢出，變得入口即化時，在廣東話會稱其為「腍」，有時會被俗寫為「淋」。在台灣則稱為「軟嫩」。

哪些食物有「腍」的口感？例如清湯牛腩、柱侯牛腩、腍甜蘿蔔（常俗寫為淋甜蘿白）等，入口軟腍香滑，無須多嚼，有膠質及適當脂肪比例的肉品，或煮透的瓜果根莖，軟而不爛。

軟腍入味，充滿膠質感的肉類料理

肉品裡的膠質如何形成？首重火候控制及烹調時間，延長烹煮

Chapter 3　觸覺・口感與質地

時間，以細火慢炆的方式，或者更準確地說，維持溫度在 65～75℃之間，避免瘦肉流失水分而變得乾柴，並且讓豬皮內的膠原蛋白有足夠的時間逐漸分解為滑溜帶黏的明膠，與軟透的瘦肉在嘴裡碰撞出軟嫩、絲滑的口感。

充滿明膠質地的食物，在吃下肚後會被分解為胺基酸，雖無法直接補充膠原蛋白，但可以肯定的是，透過燉煮而變得軟脸的料理，口感的確令人著迷。

▲左圖是虎皮鳳爪，經油炸後再滷至軟脸；右圖是以滷水將豬腳滷至軟脸。

參考資料：
《烹飪的科學：聚焦 7 大類食物，用最新科學研究食材原理，圖解 160 個烹調上的疑難雜症，讓廚藝臻至完美》2019 年楓葉社文化出版，斯圖亞特．法里蒙著。

「腍」的正面描述及負面描述

在廣東話中,「好腍」可用來讚賞燉煮得軟嫩、入口卽化,是正面的肯定用語。但是,當食物過於軟爛,以致於失去口感時,則會以「太腍」或「腍晒」作爲負面形容。

例如,煮得過爛的麵條,或像周星馳電影《食神》中批評火雞姐攤檔食物難吃的台詞:「啲豬皮煮得太腍,冇咬口呀,失敗!」指的就是豬皮過軟,毫無嚼勁,令人失望。再比如本應酥脆的食物受潮變軟,人們也會說:「腍晒,好難食(都受潮了,不好吃)」,無論是「太腍」或「腍晒」,都表達了對食物口感的失望。

豬手、豬腳、豬肘與蹄膀

在香港會將豬腳的前後做區分,前腿稱「豬手」,後腿稱「豬腳」;香港的南乳炆豬手,通常使用的是豬前腿下半部,包括豬蹄部位。而同樣被稱爲豬手的德國鹹豬手,使用的部位其實是豬肘。在台灣,帶有大片肥豬肉的豬蹄膀又稱「腿庫(台灣台語)」,通常是以滷汁、八角及醬油,以小火炆燉至帶有膠質的軟腍口感。

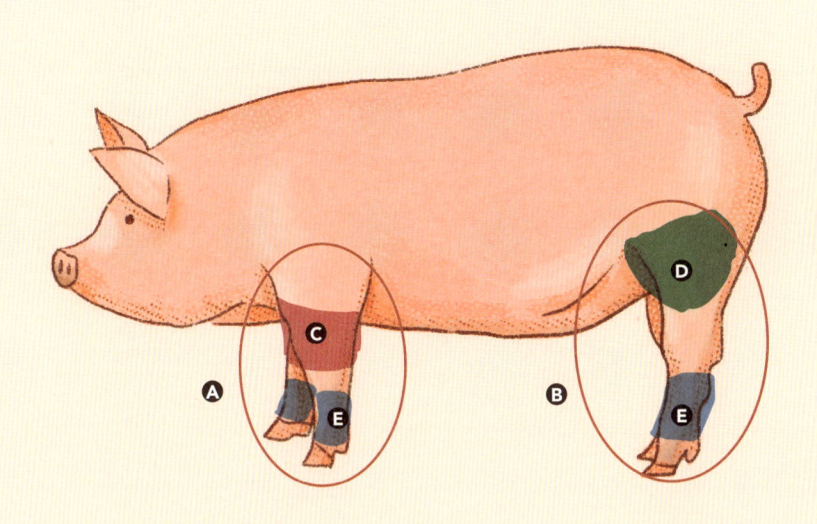

Chapter 3 觸覺・口感與質地

A 前腿　**B** 後腿
C 豬肘：豬前肘部的前腿肌腱，是豬隻的 bye-bye 肉。有彈牙帶膠質的豬皮與軟嫩的肉，德國豬腳及燒味裡的燻蹄常使用此部位。
D 蹄膀：豬的後腿肌腱，皮下帶有較多肥脂，雅稱為「元蹄」。
E 豬手：豬前蹄，表皮有皺折，皮下帶瘦肉，有筋。
E 豬腳：豬後蹄，蹄趾皮滑薄且有較多肥脂，無筋。

部位	前蹄	後蹄	前腿肌腱	後腿肌腱
香港說法	豬手	豬腳	豬肘、圓手、元手	元蹄
台灣說法	豬前蹄	豬後蹄	前蹄膀	後蹄膀
料理應用列舉	紅燒、清燉、湯品		德國豬腳使用此部位	紅燒蹄膀（紅燒元蹄）

煙韌──彈牙有嚼勁的口感

在世界各地皆有形容「彈牙又有嚼勁」的詞彙，例如軟糖的「chewy」、意大利麵的「al dente」、韓國糯米年糕的「쫄깃쫄깃」，以及台灣珍珠奶茶的「Q彈」。

台灣的「Q」字的正字，目前有兩種說法，一寫為古字「𩚨」，讀音為 qiū，可形容食物柔軟又有韌性，另一說為古字「飥」，台灣台語讀音為 khiū，兩者發音皆近為英語的「Q」，也因此人們在日常裡會用「Q」去讚賞食物有彈性與嚼勁；而在香港，則通常以「煙韌」來形容。

同樣是有嚼勁，也有負面的情況，例如燉煮不足的牛腱、過熟

▲台灣的雞蛋糕早期多為蛋形，後來還有動物形狀、卡通造型等，甚至有包餡的雞蛋糕。

的牛排，好似嚼橡皮筋一樣久嚼不爛，吃起來「嘴巴過於勞動」，感覺「咬得很累」的負面感受時，就不說煙韌了，改形容為「韌」，例如「好韌（粵拼：hou² ngan⁶）」。

美味的煙韌食物：「雞蛋仔」與「台灣雞蛋糕」

香港雞蛋仔與台灣雞蛋糕雖然同樣是用蛋液製成的麵糊小吃，卻各有千秋。台灣的雞蛋糕外形多變，飽滿且口感鬆軟，吃起來就像小蛋糕，現在也有脆皮版本的雞蛋糕。

至於香港雞蛋仔大多是一種樣式，使用特製模具在高溫下快速烘烤，因此外形呈現佈滿小圓球的蜂巢形，用手一粒粒剝下，放進嘴裡咀嚼，便能感受外層酥脆，內層「煙韌」稍有嚼勁的口感。

美味的雞蛋仔並不是全空心的，在每個小圓球的中心大約有三分之一厚度的麵糊，咀嚼之間便能感受酥脆與煙韌的雙重口感。如果麵糊過薄，雞蛋仔便會過於空心且失去嚼勁。

▲香港雞蛋仔不是全空心的,每個圓球大約有三分之一厚度的麵糊,以及一部分的空心,咀嚼之間便能同時感受酥脆與煙韌的雙重口感。太空心是不行的喔!

美味的煙韌食物：「香港砵仔糕」與「台灣客家甜水粄」

香港的「砵仔糕」與台灣的「客家甜水粄」，都是使用粘米（台灣稱在來米）製成的米漿，是一種加糖後倒入碗裡蒸熟的小點，雖然外形與口感相似，仍稍有不同。

砵仔糕裡的紅豆與煲湯用的赤小豆不一樣，煲湯水時使用的赤小豆外形瘦小細長，而製作甜品需使用飽滿的紅豆。在製作的前一夜，先以冷水浸泡紅豆，隔日瀝乾水分後放入蒸鍋中，將紅豆蒸至膨鬆，趁熱拌入砂糖，即可備用。

▲左圖為片糖；右圖為赤小豆、紅豆、金時豆（由左至右）。

台灣胃看香港餐桌

▲左圖爲香港的砵仔糕；右圖爲台灣客家水粄。

在早期，通常使用全粘米研磨的米漿製作，如今改用粘米粉，用冷水將粘米粉（台灣稱在來米粉）、少許木薯粉攪拌成糊狀備用，另取一小鍋，將切碎的片糖及水一同煮溶，趁熱將糖漿沖入米漿裡，迅速攪拌，在蒸鍋裡擺上幾個廣口的碗仔，邊緣抹上薄薄一層油後，放入一勺紅豆粒，倒入米漿，以大火蒸熟後取出放涼，砵仔糕成品既軟嫩又煙韌。

台灣客家甜水粄在早期同樣使用研磨的米漿，如今亦可改用粘米粉，混合少許粟粉（台灣稱玉米粉）和紅糖混合成米漿後，放在小鍋裡，以小火加熱，途中需仔細攪拌至米漿變得稍微濃稠，再逐一把米漿倒入小碗內，蒸熟後取出。不同於香港砵仔糕僅有甜味版本，客家水粄則有甜、鹹兩種做法，因應風味的不同，粉

漿的調味料也有變化，雖然都是碗型的米製點心，但台灣客家水粄的水分比例更高，因此客家水粄的口感較無香港砵仔糕的煙韌口感，更偏向軟綿質地。

美味的煙韌食物：「香港雞屎藤茶果」與「台灣草仔粿」

亞洲各地都有屬於當地特色的青草糯米糰，例如日本使用母子草（鼠麴草）製作的草餅（くさもち）、用艾草製作的蓬餅（よもぎもち）、韓國的松餅（송편）及艾草年糕（쑥떡），在台灣則有各式草仔粿、香港的雞屎藤茶果，以上皆是使用糯米及青草植物製作，咀嚼時會散發淡淡的甜味與植物清香。

台灣的「草仔粿」使用在來米粉加上青草植物，常見有使用鼠麴草做的鼠麴粿（tsháu-á-kué）、艾草做的艾草粿、更有使用青苧麻、桑葉、香蘭葉製作的版本。草仔粿的餡料分為鹹、甜兩種，有鹹味蘿蔔絲餡、甜味的紅豆沙或綠豆沙餡，製作成大約 8 公分直徑的圓餅狀，擺在芭蕉葉或月桃葉上一起蒸，蒸熟後，底部帶有淡淡的葉片香氣。

台灣胃看香港餐桌

◀雞屎藤是草本植物，可以做成雞屎藤茶果。

　　香港的「雞屎藤茶果」是使用被稱為雞屎藤的植物，將雞屎藤葉片打碎後和糯米混合，做成黑黑綠綠的青草糯米糰，內餡是甜味的花生碎餡、芝麻粉餡，做成大約 4～5 公分的圓粒大小，排列在葉片上蒸熟，外型小巧易入口。

▲使用雞屎藤混入糯米及粘米製作成粿，再包入餡料製成雞屎藤茶果，此項製作技藝已納入香港非物質文化遺產資料庫。

綿：綿密的廣東粥

在香港經常使用「綿」這個字形容港式煲粥煮至開花的質地。香港本地粥品特有綿密的口感，與台灣粥、潮汕粥質地有明顯的分別，更是香港飲食偏好的口感特色之一。接下來以香港粥品為例，帶大家認識「綿」這個口感詞彙。這幾年減醣飲食法盛行，但越是因為工作燒腦時，我反而樂於擁抱碳水化合物，感受葡萄糖為大腦帶來的能量。這種時候當然要前往香港粥店，彷彿是澱粉大會堂，一次滿足。

◀粥、腸粉及油炸鬼齊聚一堂，香港油條與台灣油條口感有別，請務必一試（攝於荃灣／新宏利粥店）。

醃米、米水比例、火候,是香港粥底質地綿的魔法

我曾在前作《四季裡的港式湯水圖鑑》分享過香港煲湯對於火候的重視程度,需要足夠的火候和時間,才能將食材風味確實地煲煮至湯裡。而香港粥品同樣需要「煲」,若要成功煲煮出香港粥品的綿滑質地,便無法省略重要的火候。

除此之外,煲粥還有一個步驟不可省略,叫做「醃米」,準備洗淨的生米,加上少許鹽與油,將米稍微醃漬一小時。隨後是米水比例,需要以較多的水或魚湯,以1:12的米水比例,細細煲煮,過程中需攪動以避免焦底。

煲好的粥,其米粒破裂成半粒米大小的絮狀,並輕柔均勻地漂浮在粥水中,粥水表面還帶著如絲綢般的油光,用匙羹舀起的粥水,流動速度快卻不稀薄,入口輕柔綿滑。醃米、米水比例、火候缺一不可,才能成就一碗道地的煲粥。

煲粥有捷徑嗎?有,但成品的質地仍有分別

過去的我想加快速度,並省去醃米步驟,更想省略煲煮所需的時間,因此曾跟著網路上的偷吃步教學,使用調理機打碎米粒,卻因火候不足,即使米粒打碎了,卻未爆成輕柔的米絮,也無法

均勻漂浮在粥水裡，當時以為偷懶不會被發現，未料香港朋友看了一眼，便知火候不足、米水比例錯誤。最後，還是乖乖按步驟煲足火候才成功，從那次之後，我便不再為難時間稀缺的自己。

捷徑方法可以減少最多的時間，但成果質地仍有分別，我也不會全然否認這些聰明的技巧，畢竟每個人的時間餘裕不同，可以自由拿捏和取捨。不過，我極力推薦讀者朋友們直接前往香港的粥店，因為香港粥店，可不只賣粥呢！

傳承三代，藏在市場熟食區裡的妹記生滾粥店

香港粥店這麼多，去哪間好？我沒有絕對答案。因地緣關係，最常去的就是位於荃灣路德圍的新宏利粥店，但到了冬季的長假，前往旺角的八珍醬園訂購新年蘿蔔糕時，我必會順便抽空前往花園街市政大廈的三樓的熟食市場吃粥。

花園街市政大廈的地面註記一樓[註]是「街市」，也就是台灣說的傳統市場。三樓是熟食中心，聚集大排檔、茶餐廳及快餐店。市場裡有一間「妹記」，那是一家經營了三代的老店，粥底做法也與其他粥店稍有不同，他們在煮粥之前會加入鹽、油，提前「醃米」之外，還額外加入捏碎的皮蛋。皮蛋的鹼性能使米粒加快煮至米絮狀，並以自家熬製的奶白色陳皮胡椒魚湯煮成粥底，也會

加入其他粥店不一定會添加的唐生菜絲（台灣俗稱大陸妹），只要在香港嚐過不同的粥店，便能分辨妹記粥底的風味特徵。雖然「妹記」沒有冷氣和現代裝潢，但仍吸引許多食客慕名而至，怕熱如我，會刻意趁著冬天前去享用美味煲粥。

▲將豬內臟在粥裡煮至「將熟」，送上桌時已成「剛熟」，精準掌握熟度（攝於旺角／妹記）。

註：
香港樓層採用歐制序數（Eropean Scheme），使用歐制樓層的地方有英國、法國、西班牙與義大利、南美的巴西與墨西哥及美國夏威夷，亞洲則有香港與澳門。歐制樓層從地面樓層（GF）開始，因此歐制樓層的一樓便是美制樓層（American Scheme）的二樓。

Chapter 3 觸覺・口感與質地

　　每次去妹記，我偏愛點一碗豬潤及豬腰粥（豬肝腰子粥）。顧客點餐後，店家將粥底舀至單柄小鍋，快速將內臟放在粥底裡，煮至「剛熟」狀態。上桌後，滾燙的食物仍會持續加熱，所以端上桌後至開始品嚐時，便呈現「剛剛好熟了」的狀態。

　　「剛熟」的熟度在香港飲食裡代表最恰到好處的熟。例如，斬開帶骨雞時還能見到骨裡帶血、魚肉與魚骨間稍有骨肉沾黏、蝦子外形呈現大C狀態，是避免煮至過老的圈狀，以及粥裡仍帶粉色的豬膶與豬腰。粥品上桌，以匙羹舀起粥裡的食材，米絮輕柔地包裹在食材外，內臟吃來鮮嫩爽脆，忍不住讚：「欸～真會！」

——不同粥底質地小圖鑑——

生滾粥（香港）	潮汕白糜（潮汕）	白粥（台灣）	海鮮蠔粥（潮汕）	魚湯湯飯（香港）
米粒成絮，粥水綿滑	米粒稍破，粥水濃稠	米粒稍破，粥水濃稠	米粒分明，粥水流動快	僅是將飯泡入湯

註：由左至右，從粥底裡的米粒綿密開花程度來分，由最大至無。

香港粥店裡還有哪些食物?

粥店吸引我的不只是粥,還有各式澱粉爆表的小吃們,都是我的心頭好。香港粥店裡供應的碳水化合物讓人選擇困難,除了各式配料的粥品之外,還有炒麵、糭(粽子)、腸粉、炸兩,以麵團製成的各種油器,例如油炸鬼(油條)、牛脷酥、鹹煎餅等,每一樣都美味。

▲香港粥店油器(油炸物)非常多樣化。

Chapter 3 觸覺・口感與質地

―― 香港粥店油器與其他澱粉小吃 ――

油炸鬼（油條）	牛脷酥	鹹煎餅	煎堆
香港的油條質地與台灣油條不同，更短且更粗，外酥內蓬軟，口感更接近麵包	形似牛脷（牛舌）的發酵麵團，抹上油酥與糖的料再油炸，吃起來有點像台灣小吃——油炸雙胞胎	五香鹹煎餅或南乳鹹煎餅，調味麵團油炸後的中心呈微空心狀	外觀佈滿芝麻的煎堆，油炸後成為空心的圓球狀

炸兩	各式腸粉	豉油王炒麵	糉（粽子）
炸兩是用腸粉包著粗胖形狀且鬆軟的香港油條	在粥店能同時吃到無內餡的豬腸粉及包裹內餡的腸粉	使用廣東蛋麵餅炒成鑊氣十足且乾爽的炒麵	香港粽子的米飯質地與台灣的南部粽較相似，但餡料風格不同

粥與粥店小吃怎麼搭配？除了油炸鬼，還可試試炸兩！

在香港吃粥時，我便暫時忘記飲控，因爲粥店裡的各樣小食（小吃）與油器一定要嚐。可以怎麼配？例如粥配油炸鬼、粥配豉油王炒麵，粥配腸粉或粥配糭（粽）。每當工作燒腦時，總想來個「多重澱粉衝擊組合」，此時走進粥店，再合適不過。

我個人最愛的「澱粉衝擊組合」，便是吃粥配上一份炸兩。炸兩是啥？它是粗胖的油炸鬼，外面捲著薄薄的白色腸粉，切成數段擺入盤裡，上桌時可選擇淋上深黑色的甜豉油、絲滑芝麻醬與暗紅色的甜醬一起品嚐。一口咬下時，能感受到綿滑帶米香的腸粉，咀嚼時感受油炸鬼的香氣、蓬鬆與彈性，米澱粉遇上麵澱粉，旣美味又邪惡。

▲澱粉衝擊組合──白色腸粉包裹著油炸鬼。

Chapter 3 觸覺・口感與質地

白灼魚皮與白灼內臟

除了油器（油炸物）與其他澱粉食品，有時也能點一份白灼小菜，例如荃灣的新宏利粥店的白灼豬雜或白灼豬潤。內臟白灼至熟度恰好，淋上店家秘製的麻辣豉油汁，再配上薑絲與芫荽，不掩風味，吃到筷子停不下來。

若前往妹記，我總會特意點上一份自家製的爽魚皮。師傅每日自街市魚販購入新鮮魚皮，去鱗後以水、料酒和薑快速焯熟，再浸冰水降溫，瀝乾後拌上蔥薑絲、生抽和香油調味。夾起魚皮細看，鱗的痕跡清晰可見，一咬即斷，如海蜇皮般爽脆。搭配蔥薑絲咀嚼，風味更佳。在香港，「爽」一字正是形容食材脆爽口感的詞彙，「爽魚皮」之名再貼切不過。

在台灣台南的王氏魚皮和林家魚皮也販售魚皮湯、粥及魚腸。魚皮略帶彈性，魚皮下方還帶有滑嫩魚肚；清澈的魚湯

▲上圖為白灼爽魚皮（攝於旺角／妹記）；下圖為白灼豬雜（攝於荃灣／新宏利粥店）。

加入薑絲與芹菜珠，風味淡雅卻鮮甜突出。不同於香港魚腸搭配蛋液烤製，台南魚腸則是直接煎製，港台兩地的魚皮、魚腸及魚湯料理各有風采，若有機會不妨都試試。

香港油條與台灣油條有何不同？

▲香港油炸鬼（油條），外層酥，內層則鬆軟像麵包，帶有老麵酵母香。

提到腸粉內包著油炸鬼的「炸兩」，那一定得說一下港台兩地的油條差異。油炸鬼在台灣普遍稱為油條，雖然名稱相同，但港台兩地的油條，無論是外型或口感僅相似但不盡相同。香港的油條短粗，麵團內層質地蓬軟，口感接近麵包且有著明顯的酵母香。而台灣油條外觀較長且細，麵團中含有更多小蘇打粉比例，偏空心且酥脆，一般夾入燒餅中，搭配豆漿一同享用。

很久以前，我曾經在台灣的連鎖港點店吃過炸兩，可惜炸兩中間的香港油條被換成台灣油條，口感及風味相去甚遠，少了香港

Chapter 3 觸覺・口感與質地

▲台灣油條外形細長，外層也酥，但比較脆。

油條的蓬鬆與酵母香，而腸粉的滑嫩度也有分別，無法完美呈現出炸兩的美味，感覺頗失落。

　說實在的，有時我也分不清，自己是貪戀粥店小吃，還是迷上香港粥品的綿密，到底是爲了粥店小吃而去吃粥，或爲了吃粥而順便點些粥店的澱粉小吃？總之，這回粥配炸兩，下一回粥配炒麵，下下回粥配腸粉，或是粽子之類的。每次前往粥店，就爲了滿足澱粉二重或三重衝擊的目的，更小心地不讓飲控教練發現，總說：「我忘了記錄上一餐吃了什麼」。

邊度食
- 新宏利粥麵：荃灣路德圍 75 號
- 妹仔生滾粥品：旺角花園市政大廈三樓
- 羅福記粥麵專家：中環蘇豪擺花街 50 號地舖

爽與脆：咀嚼的爽快感

所謂的「爽脆」是指食材咀嚼時，能俐落咬斷的爽快口感。在香港的廣東話裡，將口感再細分為「爽」與「脆」。兩者有何不同？爽，常用來形容本身帶清脆質地的食材；脆，用來形容食物透過油炸、烘烤或風乾後產生的酥脆。

食材本身的清脆口感：爽

在香港，單一個「爽」字，常用來形容清脆質地的食材，例如將新鮮蔬菜烹調得恰到好處時，一口咬下，人們會讚賞：「這個菜，好爽！」由於語言差異，在台灣聽見「爽」字，較不會與食物的口感直接做聯想。

除了形容清脆質地的食材，在本書 Chapter2 也提過香港的廣東麵條質地特徵──「爽」，或許對外地人來說，會覺得香港麵條有點硬，但這就是廣東麵餅著名的特色，例如香港雲吞麵裡的鹼水麵，為了保持麵條的「爽」，甚至影響了擺盤方式，以雲吞藏於碗底將麵托起；又例如豉油王炒麵，除了炒的乾身（不帶湯汁）之外，其使用的雞蛋麵質地，也是能俐落咬斷的「爽」。

Chapter 3 觸覺・口感與質地

蔬菜料理,港台喜好大不同

把「爽」對應到蔬菜料理,港台兩地的選材與烹調法各異其趣。台灣飲食偏好葉片大且菜莖幼嫩的蔬菜,例如莧菜、番薯葉、小白菜、大白菜、空心菜等。比方入鍋後與油水快炒,葉片變得軟嫩的炒莧菜,或是透過滷燉,將蔬菜燉得軟爛的白菜滷,都是典型的台灣蔬菜料理。

相較之下,香港飲食偏好蔬菜有著爽脆口感,本地人更喜歡菜梗較有口感的蔬菜,例如芥蘭、菜心及白通菜(大管空心菜)。例如薑汁炒芥蘭,脆口的芥蘭遇上薑汁的鮮香,緩和了芥蘭的微苦,如此咀嚼時,耳朵能聽見清脆的聲音,這便是存在感十足的口感──「爽」。因為香港人對「爽」的喜愛,台灣產的水蓮在香港十分受歡迎,除了用來快炒,也常在打邊爐(火鍋)時涮煮食用,在香港,

◀方魚芥蘭(攝於九龍城/潮薈館)。

◀ 蝦醬芥蘭啫啫煲（攝於江湖小棧）。

麵館販售鹼水麵的白灼油菜（燙青菜）總特別翠綠，這是因為煮麵水裡的鹼性物質能讓葉綠素形成葉綠酸，幫助蔬菜鮮綠並固色。同時，為了避免以清水燙蔬菜的澀口，並增添滑潤口感，燙青菜時會加入一勺油，故稱「油菜」，並非指油菜花品種，而是以油水汆燙蔬菜的烹調方式喔。

飲食習慣差異也影響港台烹調前處理方式

港台兩地對蔬菜口感偏好的差異，影響了蔬菜前置處理的方式。在台灣的家庭餐桌上，炒綠葉蔬菜時，通常會將蔬菜切成 3～4 公分左右的適口小段，再快速炒至軟嫩。若時間充裕，有些人會更講究，比方處理莧菜、番薯葉時先將蔬菜外層的薄膜撕去，再切成易入口的小段。甚至還會採用「先炒莖、後炒葉」的方式，讓菜葉與莖的口感達到一致。這聽起來或許有些誇張，但由於祖父母對飲食的要求，家母常這樣烹調蔬菜。而我呢？有標準在身，但不為難自己，有時細心入廚、有時效率烹調、有時則根本不開伙，取決於我的心情與時間。

Chapter 3 觸覺・口感與質地

　　香港人對於綠葉蔬菜的偏好,則是保有「爽」的口感,並採取不同選擇及處理方式,既能品嚐蔬菜由莖至葉的口感層次,也兼顧最重視的效率。料理之前,以刀工處理食材時,便傾向以更快速的方式處理,並同時保留蔬菜的原始形態與鮮脆口感,例如整株烹煮或縱向對切的方式處理皇帝菜、小白菜以及白菜,並挑選易延長保存的粗莖蔬菜,例如菜心、芥蘭等。

　　由於過去自己對於蔬菜的刀工認知,大多以台灣的處理方式為標準,以致於最初見識香港蔬菜料理時,總誤認為只求效率所以隨意處理,可是隨著自己更理解香港蔬菜料理的口感特徵後,便開始明白,看似精簡的處理,卻能讓蔬菜保有層次的鮮明感:菜莖爽、菜葉滑,整株蔬菜能品嚐由莖至葉的口感,整體口感豐富且快速,一舉兩得。

◀若有時間餘裕,我在烹調莧菜或番薯葉前,會延續祖父母及家母教的技巧,將蔬菜外層薄膜撕去,炒出的菜莖嫩度將更接近菜葉的口感。

台灣胃看香港餐桌

台灣飲食喜好：葉與莖的口感偏一致！

▲台灣人切菜：適口大小。

香港飲食喜好：由莖至葉的不同口感！

▲香港人切菜：對切或整條使用。

▲ 左圖為香港本地小白菜：鶴藪白菜，通常俗稱為「學斗白菜」；右圖為整株上桌的皇帝菜（山茼蒿），可一次品嚐到菜莖的爽脆與菜葉的軟嫩。

油炸物的酥脆口感：脆卜卜

在台灣台語裡，也有許多疊字用語，使用起來更富有意境。例如「白拋拋」用來形容皮膚潔白細緻，「幼咪咪」形容很軟嫩。形容食物甜膩時說「甜粅粅」、形容滾燙的食物為「燒燙燙」。

而廣東話裡，同樣也有許多疊字的飲食形容詞，例如「甜椰椰」表示甜度極高，「熱辣辣」形容高溫滾燙的食物，「油淋淋」用來描述食物油膩的狀態，「軟腍腍」指質地軟嫩，而「脆卜卜」則是形容酥脆的口感，廣東話拼音為 ceoi³ bok¹ bok¹，也可以說成「卜卜脆」。這些口語疊字的形容，同樣比書面語書寫用字更具情境感。

——港台關於飲食的疊字形容——

廣東話疊字	台灣台語疊字
甜椰椰 Tim4 je4 je4	甜粅粅 tinn-but-but
酸微微 Syun1 mei1 mei1	酸糾糾 sng kiù kiù
滑捋捋 Waat6 lyut1 lyut1	滑溜溜 kut-liu-liu
嚡澀澀 Haai1 saap4 saap4	焦澀澀 tshoo-siap sap
煙煙韌韌 Jin1 Jin1 ngan ngan6	Q 嗲嗲 「𩚩」（俗寫Q）
熱辣辣 Jit1 laat2 laat2	燒燙燙 sio-thǹg-thǹg
脆卜卜 ceoi3 Bok1 Bok1	脆脆／酥酥 tshè-tshè ／ soo-soo
軟腍腍 （俗寫：軟淋淋） jyun5 nam4 nam4	脆脆／酥酥 tshè-tshè ／ soo-soo

脆薄的美味炸魚皮

供應魚漿製品的店家在取下魚肉做料理後,還會將取出的魚皮放入熱油鍋炸,做成金黃酥脆的副產品。手工炸魚皮使用什麼魚,則取決於店家製作的品項,例如販售潮州魚蛋、魚片等自家製的潮汕粉麵行,由於多數使用門鱔製作,因此店內販售的炸魚皮,便是「炸門鱔魚皮」。

炸好的魚皮,除了撒上淮鹽直接享用之外,也可以在打甂爐(吃火鍋)時享用,和響鈴卷是一樣的吃法,以筷子夾起後放入湯裡,輕輕且快速地沾一下湯底,這樣吃炸魚皮及響鈴卷的口感特別豐富,又軟又脆且帶汁。

▲香港炸魚皮。

炸豬皮、豬油渣,以及帶有酥脆豬皮的燒肉

酥脆的炸豬皮在全世界各有不同面相,不論台灣與香港都有使用炸豬皮及豬油渣的常民飲食習慣,例如簡單撒上香酥豬油渣的「油渣拌麵」、台灣的「豬油渣豬血湯」、英國的「脆豬皮」零食,以及泰國船麵裡常用的「泰式炸豬皮」。

若直接油炸豬皮,只會得到難以入口的硬脆豬皮,想要讓油炸豬皮變得蓬鬆粗脆且佈滿大氣孔,必須事先將豬皮脫水後再油炸或烤製,而鹽是最常用的脫水材料,例如香港燒臘店裡的脆皮燒肉,便是將豬皮反覆戳刺後撒上粗鹽與醋,再放入冰箱風乾至豬皮脫水,再移至烤箱烘烤至豬皮變得酥脆且鬆化。鹽能讓食材脫水,也能讓食材保水,例如醃漬時,便是藉由鹽分保持肉汁。

▲左圖是香港的燒腩;右圖是台灣的帶皮豬油粕。

同樣是風乾的技巧，台灣炸豬皮之前的脫水方式則是日曬。將市場買回來的生豬皮洗淨，放入熱水裡稍微燙一下，再以鑷子拔除多餘豬毛，並用菜刀刮去豬皮下方多餘的油脂，刮到只剩半透明的豬皮後，切成長條或方塊狀，移至烈陽下反覆曝曬至徹底失去水分，便能放入油鍋裡，以 150℃ 以上的油溫，炸成帶有許多氣泡的蓬鬆炸豬皮。

在台灣，除了用台灣台語稱呼「磅皮」的炸豬皮之外，還有另一種稱為「豬油粕」的豬油渣。將豬板油炸後取出油渣，常出現在平價飲食裡。港台兩地都能找到將豬油渣入菜的菜色，例如豬油渣拌麵、豬皮下酒菜。但我們這一代已經很少在日常飲食裡接觸到豬油渣了，若要找尋這些古早味，認真找一找店家，還是能找到。

> **話你知**
> 台灣說的「古早味」並不是一種特定的風味，換作香港語言來形容其實就是「舊時風味」、「懷舊食物會有的味道」。古早，是指舊時的意思。

邊度食
- 潮薈館：九龍城福佬村道 62-64 號福聯大樓地下 B 號舖
- 江湖小棧：鱟地坊 30 號寶成大廈 1 號地舖
- 老三油渣麵：土瓜灣新山道 4 號長城大廈地下 1A 號舖（地鐵土瓜灣站 B 出口步行）

參考資料：
《料理的科學（二版）：好廚藝必備百科全書，完整收錄 50 個烹調原理與密技》2023 年大寫出版，蓋‧克羅斯比、美國實驗廚房編輯群合著。

潤：滋潤身體的湯水

潤，是形容湯水質地時經常提及的詞彙，不單指「質地潤滑」，還包括了飲食養生屬性中的滋潤。

與台灣人生病時常喝雞湯的習慣不同，香港人反而會在生病及體弱當下避開雞湯，並改以豬肉或豬骨煲湯。在香港，四季皆有各式滋潤身體的湯水，並在選材時注重食材本身的養生屬性，無論是湯品、糖水或涼茶，皆能在春夏秋冬滋養身體。

不論是否認同中醫飲食養生觀念，事實上在用餐前喝一點湯，確實可滋潤口腔與食道，避免進食時，因乾燥或粗糙的食物過度刺激消化系統的黏膜。

滋潤糖水：銀耳木瓜糖水

銀耳系列的糖水及飲品，堪稱「最潤」甜品代表，銀耳富含多醣體和水溶性纖維，經過長時間烹煮後，湯水會變得極其潤滑，以匙羹舀起，透過湯水的流動狀態、極輕透的膠質感，便可看出煲煮銀耳的火候是否足夠，煮到這個程度的銀耳已變得軟滑，而非爽脆。

▲銀耳木瓜糖水養顏又潤肺。

紅棗銀耳湯對台灣人的我來說已很熟悉，但使用木瓜與銀耳煲煮的甜湯既陌生又讓人上癮。有一次，我嚐過香港同事煲的銀耳木瓜糖水，清甜且潤滑，我立刻拋下飲控計劃，喝了好幾碗。

湯裡的香港水餃

台灣人說的「水餃」，是指水煮後撈起放入容器中，沾取醬料食用的餃子，也有放在湯裡的「湯餃」，其湯底多樣化，例如酸辣湯、紅燒牛肉湯等味道較重的湯品。

▲台灣人習慣將餃子水煮後撈起瀝乾，沾取醬料吃。

台灣胃看香港餐桌

　　在香港的餃子店大多供應煎餃與水餃，本地人吃餃子的習慣多是浸泡在湯中食用，而且各家湯底自有特色，例如奶白魚湯、煲老火湯，甚至有結合西式風味的南瓜濃湯，與台灣飲食習慣水煮餃子後撈起瀝乾，再沾醬食用的方式不同。

　　若想在香港吃到不浸泡在湯裡的乾身（不帶湯汁）餃子，多為煎至香酥的「煎餃子」，想嚐水煮後撈起瀝乾吃的餃子則需去外地人經營的餃子麵食店，或是台灣連鎖餃子品牌。例如，在香港發展的台灣餃子品牌——八方雲集，便滿足了我想外食吃台灣餃子與鍋貼的時刻。當然，若自己包餃子，想做成什麼樣都隨意了。

▲在香港本地的餃子店，若想吃不帶湯的餃子，可選擇「煎餃子」，左圖為葵芳好味餃子，右圖則是中環餃恬手工餃子。

Chapter 3 觸覺・口感與質地

依據港台兩地飲食習慣與偏好的不同,餃子的製作方式也有差異。台灣人喜愛有「咀嚼感」的餃子,講究「餃皮彈牙,餃餡飽嘴」,餃子皮有適當厚度且富有彈性,並隨著咀嚼逐漸釋放出麵粉香。而香港人吃水餃,大多浸泡在湯裡食用,甚至會成為打甌爐時的火鍋料,因此香港的餃子則以薄皮為特色,餃子皮耐浸泡且入口滑溜。

很多年前,一家香港餃子品牌進入台灣市場,在電視廣告中主打「皮薄餡多」的特色。但這樣的餃子特徵,在當時卻未能精準吸引台灣消費者,因為台灣人對餃子的期望與香港不同。事實上,該香港品牌的薄皮餃子正是為湯餃而設計,這也正是香港餃子的飲食特色。

◀香港吃法習慣將餃子放在湯裡享用。

潤肺的香港湯品：杏汁白肺湯與杏霜

在香港，有許多湯品被認為具有滋潤效果，像是對肺與呼吸道特別有益的「杏汁白肺湯」，就是經典且具香港特色的潤肺湯水。

以潤肺止咳的南杏與北杏打成杏汁，搭配銀杏、豬肺、豬瘦肉或排骨，經數小時煲煮，形成風味濃郁卻不稠膩的滋潤湯水。用湯勺舀起雪白的杏汁，一飲入口，便能即刻感受到細滑質地與滋潤感。從養生功效上看，湯裡的所有食材都針對滋潤呼吸道及肺部，實為一款滋養佳品。

至於台灣，杏汁通常拿來製作糖水甜品或甜味的杏仁茶。因此，多數台灣朋友聽到杏仁茶在香港有鹹味版本時，總會露出不可置信的表情。我頭一次喝杏汁湯前，也帶著懷疑，後來才發現，是

▲左圖為甜味的杏仁露（攝於佳佳甜品）；右為鹹味的煲湯──杏汁白肺湯（攝於滿樂潮州）。

自身成長環境養成的飲食偏好限制了味蕾的視野。喝過幾次後，便開始懂得欣賞及迷上了香港的湯水文化。我得說，作為杏仁茶的愛好者，我認為杏汁白肺湯特色十足且好喝，也是一種絕對在台灣喝不到的美味湯品。真誠地希望來到香港旅行的各位，有機會不妨試試這道滋潤湯品。

> **話你知**
>
> **杏仁霜 / 杏霜**
> 杏仁霜常簡稱為「杏霜」，在香港的茶餐廳都能喝到，是冷熱皆有的甜飲品。在台灣則稱為杏仁茶、杏仁露。

邊度食

香港餃子
- 餃掂手工餃子雲：中環威靈頓街 55 號地舖
- 好味餃子：長沙灣元州街 497 號地舖（港鐵長沙灣站 C2 出口步行）
- 好味餃子：葵芳葵福大廈地下 8 號舖（港鐵葵芳站 D 出口步行）

杏仁露與杏汁煲湯
- 佳佳甜品：佐敦寧波街 29 號地舖
- 滿樂潮州：尖沙咀美麗華廣場 1 期食四方四樓 405 號（港鐵尖沙咀站）

CHAPTER 4

視與聽・飲食與交流

慢慢食，欸吓先

「慢慢吃，享受一下」

茶餐廳裡的杯碗敲擊聲、大排檔的吆喝聲、燒臘店刀劈木砧板的聲響；飲茶時使用茶水洗杯的滾動聲、打開茶壺蓋的清脆聲、煲裡的食物嗞嗞作響，嘴裡的湯潤予人無聲的享受──這是香港飲食特有的節奏與聲音。

在多元文化薰陶下，香港展現了豐富的飲饌面貌。當地人的快節奏與追求效率形塑出俐落溝通的爽朗風格，因為生活繁忙，廣東話的聲調相對短促。在這裡，不同飲食場域有著各自快與慢的交流方式。本章將從視覺到聽覺，多方探索香港的溝通方式與飲食融匯之美。

飲茶不在茶餐廳：
因為要慢慢「歎」

　　這個標題在書裡出現了兩次，我想，香港人看到的話，或許會感到錯愕：「這也能成文章？」但身為在香港生活的異鄉人，我確實遇過訪港友人提問：「推薦去哪個茶餐廳吃港點？」此時，我總輕輕提醒：「飲茶不在茶餐廳。」

飲食跨市場：正宗或改良版各有所需

飲食跨越市場，必然面臨「正宗」與「改良」的考驗。過去在台灣，有些餐飲店將茶餐廳、港式糖水、咖哩魚蛋、雞蛋仔與香港蒸籠點心集結販售，滿足離鄉港人的思鄉情懷。其中，甚至有些令人莞爾的「咦？咁得意？^{話你知}」的組合，但這是跨市場餐飲的必然調整。

同樣地，香港的台灣餐廳也會因應當地需求，創造出台灣原本沒有的組合。例如，小吃與小吃的搭配變爲套餐，雖然美味，但是對在地人來說卻是不熟悉的吃法。這並非批評，任何飲食跨入新市場，都需調整以吸引當地消費者，並在激烈競爭中靈活創新，這正是跨市場飲食的有趣之處。創新無可厚非，但「正宗與古早味」的字眼，或許應保留給真正遵循傳統手藝的店家。

話你知

得意〔粵拼：dak¹ yi³〕：

廣東話的「得意」大致等同於台灣的「可愛」。稱讚時，香港人會說：「哇，好得意啊！」（哇！好可愛啊）。但語調不同時，「得意」也是委婉的表達，例如：「咦？咁得意？」（咦？這麼可愛啊⋯），此時的語境就類似英國人說的「Oh！Interesting！」

為何稱為「飲茶」？去哪裡飲茶吃點心？

雖然都有「茶」字，但香港的飲茶場所不在茶餐廳，茶餐廳亦不提供「蒸籠點心」。傳統上，飲茶的場所在茶樓，因為以往茶樓多為權貴社交餐敘的場所，或文人雅士提著鳥籠享受早茶的休閒之地。或許有人會問：為什麼飲茶與蒸籠點心有連結？這與飲茶場所的發展有關，請見下表。

──香港飲茶發展歷程──

1850～1870 年	大約 1880 年代	大約 1900 年代
一厘館／茶話	茶居	茶樓
廣州供應茶水給行人歇腳小憩	品茶為主，偶爾供應糕點	廣州與香港供應飲茶點心的社交場所

1925 年	1925～1935 年	1935 年
曲藝茶座	酒樓酒家	酒樓
特定族群餐敘社交場所	宴席粵菜兼售點心茶酒，以及特種行業	供應酒樓粵菜與早市飲茶

十九世紀末，廣州的飲茶場所稱為「一厘館」，門口掛著題有茶話的匾額，供過路客歇腳小憩，提供簡單茶水，收費一厘（一毫）。隨後演變為「茶居」，除了茶水外還增加糕點，收費升至二厘。後來發展成環境更舒適的「茶樓」，甚至設有包廂，不僅供應茶與糕點，還有各式蒸籠點心與餐點。一盅兩件收費約三厘，從此便將茶樓飲茶與點心連結，簡稱「飲茶」。

茶樓飲茶風潮興起，成為文人雅士及有閒人士的聚會場所，更延伸出「曲藝茶座」並按領域區分：切磋棋藝往祥珍樓、談戲聚於陶陶居、享用糕餅及月餅可往榮華樓、雲香樓、蓮香樓，貿易商人談生意則聚於陸羽。

Chapter 4 視與聽・飲食與交流

　　在茶樓飲茶也是種社交，在過往，愛鳥之人常提著鳥籠上茶樓飲茶，聽鳥鳴、享茶點，暢談養鳥心得並分享鳥籠材質與美感，藉此展現生活餘裕與品味。隨著香港衛生規範實施禁掛鳥籠與攜帶鳥隻，此習慣就此消失，不過有些室內設計師會以鳥籠元素融入設計，以致敬歷史。

　　隨商業發展，茶樓逐漸加入餐點；而主打宴席粵菜的酒樓也開始兼賣點心和茶水，兩者邊界逐漸模糊。早期酒樓服務有閒階級，提供餐飲與社交娛樂，並常設於聲色場所附近，方便顧客兼享其他服務。直至 1930 年代香港禁娼，酒樓轉型為純餐飲，晚市供應宴席粵菜，早午市供應飲茶與點心，酒樓因此不再有距離，並拓展至大眾群體。

台灣胃看香港餐桌

▲新興食家由於店內空間小，有著特製的狹長形不鏽鋼點心推車。

如今，飲茶已不限於傳統茶樓，許多中菜餐廳與海鮮酒家也在白天供應點心，晚餐則回歸宴席菜。在小型茶樓與點心店可以日常小聚，宴席式餐廳環境寬敞，更適合與長輩餐敘或正式場合，例如「名都酒家」或各區中菜酒家餐廳，唯價格相對較高。若想換個視角，位於 102 樓的「天龍軒」則能滿足味蕾和享受環境。飲茶地點選擇繁多，難以列舉，但可依舒適度、聚餐對象或個人喜好自由選擇，最重要的是──慢慢歎，好好享受！

Chapter 4 視與聽・飲食與交流

茶樓

邊度食

- 新興食家：香港島堅尼地城士美非路 8 號地下 C 舖（港鐵堅尼地城站）營業時間為凌晨三點至下午四點
- 蓮香樓：香港島威靈頓街 160-164 號，營業時間為早上六點到下午四點，晚上六點到十點
- 六安居：香港島上環德輔道西 40-50 號 2-3 樓（港鐵西營盤站 A1 出口步行五分鐘）營業時間為早上六點至晚上十點
- 海連茶樓：荃灣福來邨永嘉樓地下 15-16 號舖，營業時間為早上五點至下午兩點半）
- 陸羽茶室：香港中環士丹利街 24-26 號

中式宴席餐廳（上午供應飲茶，晚上供應宴席菜）

- 天龍軒：香港麗思卡爾頓酒店 102 樓（由港鐵九龍站 C1／D1 或柯士甸站 B5／D1 出口，步行至圓方廣場西南角環球貿易廣場 ICC 九樓酒店入口，搭電梯至 103 層大堂再往 102 層，即為天龍軒）
- 名都酒家：金鐘道 95 號統一中心四樓（港鐵金鐘站 D 出口步行）
- 百樂潮州酒家：銅鑼灣時代廣場 10 樓 1002 號舖（港鐵銅鑼灣站 A 出口）

點心專賣店（全日供應）

- 得閒飲茶：太子運動場道 7B 號地舖（港鐵太子站 A 出口步行）
- 蒸盧：石門安群街 3 號京瑞廣場 1 期二樓 225 號舖（港鐵石門站 C 出口步行）
- 老馮茶居（元朗）：元朗大棠路 66 號地舖（港鐵朗屏站）

從飲茶與點心談文化轉換，吃懂一個地方

香港的蒸籠點心，在台灣通常被稱為「港式點心」或簡稱「港點」；而在香港，只需說「飲茶」或「吃點心」即可。飲茶時的食物泛稱為「點心」，廣東話發音為「Dim² Sam¹」。在國際上，常直接用廣東話發音「Dim Sum」作為外文名稱。例如，韓國的辛奇（韓式泡菜）也沿用韓文發音「Kimchi」作為名稱。有時我會想，台灣的幾種代表性食物，是否也能用原名作為外文命名呢？呵～我這樣會不會想太多了？

──飲茶相關小辭典──

中文	飲茶	點心	燒賣	叉燒包	蝦餃
廣東話發音	Yam² Cha⁴	Dim² Sam¹	Siu¹ Maai²	Cha¹ Sui¹ Bao¹	Ha¹ Gaau²
外文名稱	Yum Cha	Dim Sum	Siu Mai	Char Siu Bao	Har gow

話題回到香港的點心吧！點心一詞，在台灣多指正餐間的小吃或甜品；而在香港，提到「點心」會立即讓人聯想到飲茶時的「蒸籠點心」。有時，我會留意對話對象的文化背景，適當轉換用詞，避免溝通誤會。

Chapter 4 視與聽・飲食與交流

　　從他鄉的文化衝擊到逐漸適應，我深知「同一件事，在不同地方有不同的表達與詮釋」。在生活的碰撞中，我反省過自己的框架是否過於僵化，導致新鮮感消退後難以適應差異。後來我發現，跨文化適應可以從日常小事開始，例如從吃開始，透過飲食底蘊來理解當地。

　　港台兩地對日本文化的理解相對深入，許多事無需多解釋。例如入座日本居酒屋，先點酒是基本禮儀，也影響了菜單設計時，習慣將酒單頁面置於食物頁面之前。近年來，更多人了解韓國飲食文化，例如端碗是禁忌、避免用雙手而改以單手交錯使用筷與匙，雖與我們的文化有別，卻是對韓國文化的尊重。

　　香港也有獨特的文化個性，只是鮮少有人提及。港台兩地行事風格不同，以「體貼」為例，在台灣需放「慢」，而在香港則「快」。在香港得注意「唔好阻住人」，而台灣則委婉地拉長耐心以免冒犯。在香港快餐食肆小店裡，店家的體貼是「點餐與上餐迅速」，而顧客的體貼則是「快吃快走，不耽誤店家做生意」，若想慢享暢聊也有其他選擇。

　　香港茶餐廳裡，常有「哐！」一聲，接著餐點或飲料擺在桌邊角落的畫面，曾讓初到埠的我誤以為：「兇？」後來才明白這是快餐食肆追求效率的取捨，假設在香港茶餐廳裡實行台灣服務，

例如：「您好，接下來爲您上飲料」並慢慢調整飲料至客人前方的位置，恐怕對於想快吃快離開的顧客來說，不那麼適合。

香港的「快禮貌」對外地人來說，恐怕一時半刻難以理解，但在香港同樣有「慢節奏」的飲食場所，例如在中式宴席餐廳用餐或茶樓酒樓，都能慢下來好好享用飲茶。接下來，不妨跟著我從「飲茶」來探索香港「慢節奏」的一面。

慢慢「歎」，不必趕時間的香港飲食場所：飲茶

有別於茶餐廳的高效率，提供飲茶的茶樓與酒」則是全然相反的「慢享」模式。在茶樓飲茶時，能悠閒地吃著點心談天，或有人獨自看報，慢慢「歎」。「歎」的廣東話讀音爲「taan³」，意指閒適享受，我會解讀爲從容、慢享。有一說，歎的正字應爲「僤」，意爲寬閒之貌，出自於《莊子・田子方》：「有一史後至者，僤僤然不趨，受揖不立。」但在香港日常生活中，幾乎無人使用僤字。總之，飲茶節奏便是悠閒，飲啖茶、食個包、慢慢傾（意指，喝口茶、吃個包、慢慢聊）。

Chapter 4 視與聽・飲食與交流

▲右圖是將蒸籠攤開拍照，雖然更豐富，但易使點心變涼，不過，與訪港友人飲茶時，我習慣以大家開心為主；左圖是我與香港親友飲茶時習慣將蒸籠疊起，即使慢享暢聊，也不怕點心降溫過快或因水分蒸發而影響口感。

飲茶喝什麼茶？香港飲茶時的快問快答

飲茶雖講究慢慢「歎」，但也有快節奏的時刻。例如剛準備入座，侍應（台灣稱服務人員）會迅速上前問：「飲咩茶？」有如快問快答，問完便像陣風般離開忙著工作。剛開始在香港生活時，我總在聽見快速提問「飲咩茶？」時想反問「咦？有咩茶？」。

不同於茶餐廳的西式茶，飲茶供應東方茶作為選擇，例如香片、鐵觀音、普洱與壽眉。香片是有茉莉花的綠茶，茶體輕盈，能中

和油膩感，但因綠茶的茶單寧易刺激胃，腸胃虛弱時需避免飲用。鐵觀音屬半發酵烏龍茶，風味濃郁微澀，回韻悠長且回甘，提神效果好。壽眉是白茶的一種，白茶有多個等級，等級最高為白毫銀針，但茶樓通常供應壽眉，淡雅並帶一絲草木香。普洱茶則發酵與陳化程度分為生茶與熟茶，飲茶多數供應「熟普」，亦供應菊花與普洱混合的「菊普」。

如今，服務人員問「飲咩茶？」的時候，我已不再慌亂。飲咩茶快問快答，讓我們一起及格吧！

▲ 圖由左上至下：香片（粵拼：heung¹ pin²）、鐵觀音（粵拼：tit³ gun¹ yam¹），壽眉（粵拼：sau⁶ mei²）、圖右為普洱的茶餅（粵拼：pou² lei²）。

Chapter 4 視與聽・飲食與交流

▲由上至下爲普洱茶生茶與普洱茶熟茶,在香港普遍簡稱爲「生普」與」熟普」。

飲茶斟茶,以手道謝的扣手禮

飲茶文化中有一種獨特的禮儀———他人爲自己斟茶時,只需用手輕輕敲桌表示感謝,稱爲「扣手禮」。由於在台灣沒有這個習俗,到香港旅遊用餐,見到他人敲桌時,可能會誤以爲是在「催促」,若不了解兩地差異時,便容易產生誤會。

五指禮	雙指禮	單指禮
長輩爲自己倒茶時,晚輩只需輕輕握空心拳,輕敲桌子	平輩或朋友爲自己斟茶時,伸出食指與中指,輕敲桌	晚輩或後輩爲長輩倒茶時,長輩只需用食指在桌面上輕敲桌

台灣胃看香港餐桌

　　扣手禮是香港飲茶時的一種無聲溝通。由於飲茶時，相互斟茶的次數頻繁，輕敲桌面可避免開口道謝而打斷談話。而當茶壺茶水用盡，只需打開查壺蓋，侍應便會自動留意，主動將茶壺取走加水，服務流暢且默契十足。若擔心繁忙用餐時段被遺漏了，揚聲告知便可。當然，也能因應用餐對象跟場合，不需拘泥於上述形式。

▲茶壺需要加水時，只要開蓋，便會有服務人員取走加水（攝於金鐘／名都酒樓）。

香港飲茶的菜單設計：點心紙

如今，飲茶時能看到推著點心車的畫面已逐漸減少。從過往時代的直接數蒸籠到使用「點心咭／點心卡」、顧客自行勾選的「點心紙」，至今已變成用手機點餐，點餐方式隨著時代不斷演變。

——飲茶點餐方式進化歷程——

茶樓／酒樓		宴席餐廳／點心專賣店
點心推車時代		無點心推車	服務數位化
數蒸籠	點心咭／點心卡	點心紙	手機點餐

在茶樓尚有點心推車的年代，用餐的顧客多在座位上等待推車經過再揚聲點餐，或自行前往點心車點餐，結帳則按桌上蒸籠數量計算。隨著顧客流量增加，店家推出「點心咭／點心卡」記錄點餐。點心咭為長型卡片，約 A4 的三分之一（香港習慣將卡片寫為「咭」），服務人員在卡片上蓋章或記號，顧客結帳時直接出示即可，至今部分茶樓與酒樓仍沿用此方式。點心咭上的品項按價位分為小點、中點、大點、特點和頂點等五級，有些店家更創新分類，例如「優點」或「超點」，等級越高，售價越貴，有些高價點心，例如灌湯餃，是同事飲茶時會避開的品項，點餐時要醒目[話你知]一點避開，免得被討厭。

台灣胃看香港餐桌

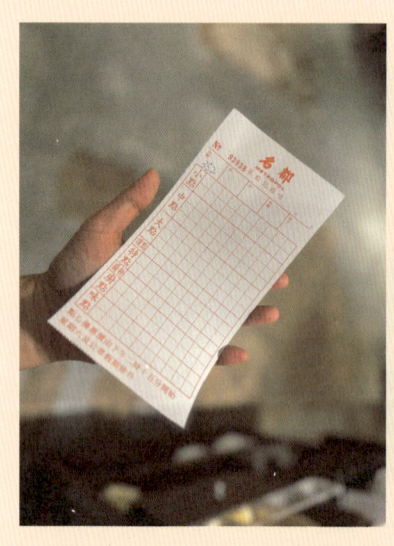

▲ 圖左為點心咭（攝於金鐘／名都酒樓）。多人聚餐或與同事飲茶，需避開被稱為「自私餃」的灌湯餃，因為僅有一只餃難以分享且售價高，無論費用均攤或自付都不太恰當。但若與較親近的親友同桌，較無需有此顧慮（攝於中環／蓮香樓）。

　　隨點心推車減少，點心咭／點心卡演變為點心紙，尺寸可達 A3 尺寸，雙面印刷。顧客勾選食物與份量後交予侍應，廚房按單製作，最後以單據結帳。在設計上，點心紙的規劃與版面設計不同於西式菜單邏輯，強調實用性，需將大量內容壓縮於一頁供顧客勾選，較高價的茶樓品牌則會印製彩色相片以吸引顧客目光。印刷和折紙等加工，皆需考量店內收納空間與消耗速度。近年來，因人力減少與數位化需求，部分店家已導入手機點餐。

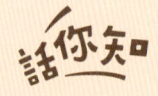

話你知

醒目〔sing² muk⁶〕

廣東話中的「醒」與「醒目」指反應快、機靈、清醒，而在台灣，「醒目」則指引起注目。同一詞彙，在港台兩地卻有不同含義喔！

除了燒賣還能
解鎖哪些點心？

　　身為上班族，我無法每次都為訪港的朋友當地陪。雖然偶有懊悔，但反覆說相同的話實在需要一些耐性，於是這篇關於飲茶的內容便順勢而生。來香港飲茶，除了燒賣、蝦餃、叉燒包，還有哪些值得一試呢？就讓我從個人角度為初次來港飲茶的人做推薦，介紹一些可以「解鎖」的點心體驗。

外型特殊又懷舊的鵪鶉蛋燒賣

　　鵪鶉蛋燒賣是我個人的心頭好，它的外型與多數外地人印象中的香港燒賣大不同，不使用黃色燒賣皮，是白色燒賣皮，而且鵪鶉蛋燒賣的擺放方式是顛倒的，開口向下，一眼便能看見鵪鶉蛋與肉餡的模樣，是一道懷舊的香港點心。

　　雖然與其他燒賣配方略有不同，但製作方法相似：煮一鍋滾水，放入鵪鶉蛋煮熟後去殼備用，將絞碎的豬肥膏（台灣稱豬板油）、鮮蝦與蝦滑（台灣稱蝦漿），與生抽、鹽、糖、胡椒粉、薑汁、紹興酒、蛋白、生粉及麻油等調味料，依同個方向拌至有黏性，放冰箱冷藏靜置二十分鐘再包裹，餡料會更緊實且不易散。

取一張白燒賣皮,將鵪鶉蛋放在中心,包入適量餡料,捏成燒賣。在盤子上薄抹一層油,燒賣開口向下擺放,若怕黏盤,可墊上白菜絲,以中高火隔水蒸十五至二十分鐘,即可完成。

◀左圖為鵪鶉蛋,水煮後剝殼即可覆上燒賣皮。▲右圖為鵪鶉蛋燒賣,是顛倒擺放的燒賣,一眼就能見到鵪鶉蛋(攝於金鐘／名都酒樓)。

燒賣皮到哪裡去了?豬肚燒賣與豬膶燒賣

　提到特色燒賣,不禁想起在上海出差時初見到上海燒賣的震驚。將炒熟的生炒糯米飯(台灣稱油飯)包入燒賣皮裡,至今印象深刻。直到在香港品嚐了以內臟為主角的「豬肚燒賣」與「豬膶燒

Chapter 4 視與聽‧飲食與交流

賣」,更顛覆我對燒賣的既有印象:「咦?燒賣皮去哪了?」原來,豬膶(台灣稱豬肝)直接取代燒賣皮。製作豬膶燒賣時,師傅先將處理好的肉餡以虎口擠成丸狀,蒸至七分熟,再擺上切片豬肚或蝴蝶切片的豬膶,再次入鍋,續蒸至熟即完成。

▲左圖為豬膶燒賣,燒賣肉餡上擺著豬肝(攝於中環／蓮香樓);右圖為豬肚雞燒賣,擺有豬肚與雞肉(攝於荃灣／海連茶樓)。

台灣胃看香港餐桌

位於荃灣福來邨的海連茶樓是一間老店，店內氣氛悠閒，也有許多傳統的懷舊點心，常見單人顧客一邊吃，一邊與街坊（台灣稱鄰居）聊天，也有住在其他區的顧客特意前往幫襯（台灣稱捧場）是當地人相互支持的角落。

海連茶樓的「豬肚雞燒賣」，是用燒賣肉餡製成的肉丸，在上方擺醃漬並抓過薄粉的滑嫩雞腿肉和一片豬肚。通常豬肚雞燒賣沒有燒賣皮，不過海連茶樓的特色便是在上方蓋上薄薄一片燒賣皮。溫馨提醒，海連茶樓並非觀光店，前往用餐時需盡量使用廣東話，若要拍照打卡，也請避免影響店家做生意與顧客用餐喔。

話你知

魚肉燒賣屬於街頭小吃，並非飲茶時會有的燒賣款式，不論用料及和口感都與飲茶時品嚐的燒賣類種不同，但各有各的魅力。

▲魚肉燒賣是街頭小吃，飲茶時的蒸籠點心裡並沒有魚肉燒賣的選項喔。

山竹牛肉：山水腐竹與牛肉丸的結合

飲茶時，會看到許多點心的下方鋪了「墊底菜」，例如蔬菜絲或腐竹，避免點心與盤子沾黏在一起，牛肉丸通常搭配泡軟的山水腐竹，因此得名「山竹牛肉」。這道點心獨特的口感常讓外地朋友初嚐時很驚訝，評價「口感不像肉」。山竹牛肉雖由牛絞肉製作，卻不同於潮州牛丸的彈牙扎實，也有別於西式牛肉漢堡扒的綿密細緻，山竹牛肉的口感更像魚漿類製品，調味和口感都十分具有特色，我會推薦外地朋友來香港時試試這道經典點心。

―― 不同風格的山竹牛肉 ――

名都酒家	新興食家	海連茶樓	鎖晶館
陳皮與芫荽味鮮明，牛肉丸質地軟（攝於金鐘／名都酒家）	風味溫潤，質地較實（攝於西環／新興食家）	尺寸大，牛肉滑（攝於荃灣／海連茶樓）	牛肉丸切面（攝於荃灣／鎖晶館）

山竹牛肉有著讓外地人迷惑的口感，這源自於香港人喜好肉類偏「滑」。製作方式是將瘦牛肉混合豬肥肉再剁成肉碎，加入水、鹼水、鹽、胡椒、生抽、生粉，鹼水能軟化牛肉並產生「不太像肉」的口感。攪拌至有黏性後，靜置於雪櫃（台灣稱冰箱），大約0～4°C冷藏。取出後，拌入泡軟刮白的陳皮絲，並加入鹽、蔥花、香菜末及荸薺碎調味，最後以虎口「唧」成肉丸，放在鋪有腐竹的盤中蒸熟。廣東話的「唧（粵拼：zik1）」意為擠，例如用虎口「唧」出肉丸或製作蛋糕時的「唧花（台灣稱擠花）」。雖然正寫為「㨘（粵拼：zit1）」，但香港日常生活裡經常使用「唧」字，更加生動。

Chapter 4 視與聽・飲食與交流

　　眾口難調，山竹牛肉雖非我個人所愛，卻展現了香港飲食對「滑」的偏好，與其他地區牛肉丸的質地與口感形成鮮明對比。這道東方風味的牛肉丸搭配西方的喼汁（Worcestershire sauce），也展現出東西交融的香港特色。所以我仍會推薦這道點心給來港旅行的親友。不過，山竹牛肉裡含有芫荽（台灣稱香菜），點餐前不妨詢問同行者的喜好喔！

▲左圖為東方陳皮風味的牛肉丸，遇上西式風味的醬汁，是東西交融的香港特色；右圖為「喼汁」，台灣稱伍斯特醬、在上海則稱為辣醬油。

乾蒸牛肉，牛肉燒賣是也

　　過去被稱為「乾蒸牛肉」的點心，如今更多人直接稱為「牛肉燒賣」或「乾蒸牛肉燒賣」。乾蒸牛肉的特色在於以牛絞肉混豬脂肪製作成餡，以及加入小蘇打粉調節肉質，和山竹牛肉很相似，乾蒸牛肉和山竹牛肉的口感，與日式或西式料理中的牛絞肉相比，如實展現出香港飲食對「滑」的獨特偏好。

　　在外型上，乾蒸牛肉既不如鵪鶉蛋燒賣上下顛倒擺放那樣吸睛，也不似內臟燒賣那般顛覆傳統印象。乾蒸牛肉是深褐色牛肉餡，包裹在白燒賣皮中，有些商家頂多在燒賣頂部點綴一顆青豆仁，如此樸素的賣相卻成了特色。有趣的是，雖然這道點心從茶樓漸漸退場，卻以冷凍食品的形式開闢出新的消費市場。

Chapter 4 視與聽・飲食與交流

經典牛胃點心：紅燒金錢肚與蔥薑牛柏葉

內臟點心是許多饕客的口袋名單，例如「紅燒金錢肚」和「蔥薑牛柏葉」，這些以惜食精神誕生的內臟料理，也是我在香港多年後才學會欣賞的風味。

紅燒金錢肚使用牛的蜂巢胃，製作頗耗時。需細心切除內膜，再以水、料理酒、薑蔥八角煮滾燙煮十分鐘。處理後放入中式香料的滷水裡，慢火炆至軟化，炆好的金錢肚切成粗條，以蠔油、蒜蓉、生抽與糖拌炒掛汁，最後入蒸籠加熱。

蔥薑牛柏葉則是使用牛的重瓣胃，又稱牛柏葉（台灣稱毛肚），口感爽脆並帶有蔥薑絲的清香。白牛柏葉先加鹽搓洗後切條，以蔥薑酒水汆燙七秒後迅速冰鎮。接著另取一鍋，以熱油拌炒蔥薑

▲左圖為紅燒金錢肚，使用牛的蜂巢胃製作而成，過程頗耗時；右圖為蔥薑牛柏葉。

絲、紅辣椒絲與白胡椒,與白牛柏葉攪拌後移入小盤子中,以蒸籠加熱十分鐘即完成。

四寶合一,以腐竹捲起四樣材料的雞扎

雞扎是舊式點心,用泡軟的腐竹包入至新鮮淮山(台灣稱山藥)、雞肉、豬肉、魚肚和豬肚,捲成開口卷狀後蒸熟。不同的店家會因時令食材或進貨成本控管,而適度調整雞扎的內餡食材,例如以芋頭取代鮮淮山、或以中式火腿取代豬肉的版本。製作雞扎前,需先分別處理食材:腐竹與魚肚泡軟、豬肚蒸軟,以豉油、蔥薑水、芝麻油與白胡椒醃製雞肉。一切備妥後,雞扎的製作就不難了,只需使用腐竹將所有材料輕輕捲起,放至點心盤,以蒸鍋蒸八至十分鐘即可。

▲「雞扎」是以腐竹輕輕捲起四樣食材(攝於金鐘╱名都酒樓)。

Chapter 4 視與聽・飲食與交流

鮮竹卷：談香港點心內餡的鮮味

　　初嚐鮮竹卷時讓我驚訝：平凡的餡料怎能如此鮮美？鮮竹卷的「鮮」字，到底是指鮮味或鮮腐竹？我想藉著此字，談談烹飪裡的鮮味疊加技巧。

　　鮮竹卷內餡混有半肥瘦豬肉、蝦肉、黑木耳絲、筍絲或椰菜絲等富含鮮味胺基酸的食材，將腐皮裁成方片後刷水軟化，包餡後捲起，以麵粉水封口，炸至外酥裡嫩，最後裹蠔油或浸入上湯後，再放入蒸籠裡蒸，鮮味倍增。

▲左圖為裹上蠔油的鮮竹卷；右圖為浸在上湯裡的上湯鮮竹卷。

香港湯水及點心裡的鮮味加乘效應

鮮味加乘的秘密在於：食材間的胺基酸的組合，例如麩胺酸（Glutamic acid, GA）與肌苷酸（Inosinic acid）或鳥苷酸（Inosine monophosphate，IMP），相互組合時，會產生鮮味的加乘效應（Umami Synergy）。鮮味加乘技巧也常見於香港湯品，例如番茄薯仔湯，以富含穀氨酸的番茄、馬鈴薯，搭配有肌苷酸的豬排骨，煲出鮮香四溢的湯。

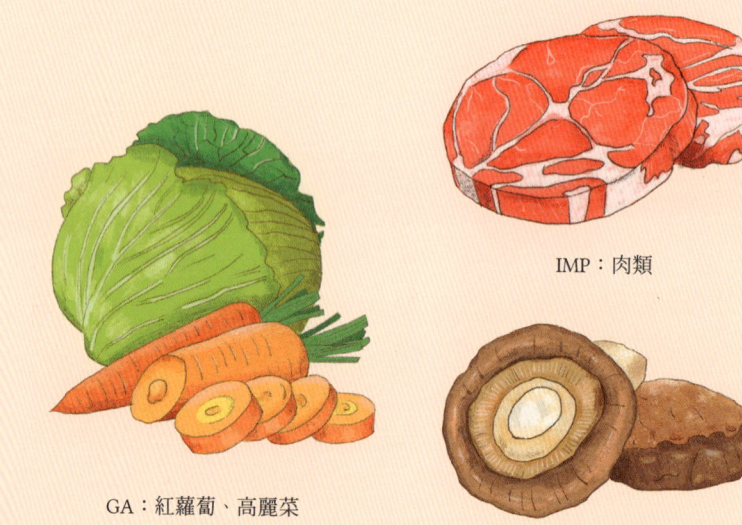

IMP：肉類

GA：紅蘿蔔、高麗菜

IGP：乾燥香菇

▲鮮竹卷內的鮮味加乘效應（Umami Synergy）：GA ＋ IMP+IGP。

Chapter 4 視與聽・飲食與交流

——鮮竹卷裡有哪些鮮味？——

食材	麩氨酸 GA	黃嘌呤核苷酸 IMP（又稱肌苷酸）	鳥苷酸 GMP
豬	●	●	
筍	●		
紅蘿蔔	●		
乾香菇	●		●
木耳	●		
椰菜（台灣稱高麗菜）	●		
腐皮	●		
蠔油	●	●	
上湯	●	●	

——含鮮味氨基酸成分的常見食材——

麩氨酸／谷氨酸 GA	肌苷酸／黃嘌呤核苷酸 IMP	鳥苷酸 GMP
昆布、紫菜、番茄與番茄乾、胡蘿蔔、玉米、黃豆、芹菜、高麗菜、竹筍、馬鈴薯、洋蔥、香菇與乾香菇、乾製火腿與乾酪、醬油、味噌	小魚乾、鰹魚片、鯷魚、乾燥鰹魚片、鰤魚（油甘魚）、鮪魚（吞拿魚）、鯛魚、鯖魚、蝦、貝蚌類、蜆、魚子醬、豬肉、牛肉、雞肉	乾香菇、熟金針菇

也許有人會提出疑問，例如：「點心裡的鮮味，會不會是因爲摻了味精？」雖然味精的污名已被洗刷，但對部分人來說仍會引發過敏反應。若對味精存疑，不妨在自行烹調時以天然食材混搭，同樣能達到鮮味加乘效果。

註及參考資料：

1. Umami Information Center 鮮味訊息中心. List of the Umami Rich Ingredients（https://zh-cn.umamiinfo.com/richfood/）。
2. 《鮮味的祕密：大腦與舌尖聯合探索神祕第五味 Umami : unlocking the secrets of the fifth taste》2015 年麥浩斯出版，Ole G. Mouritsen, Styrbæk 著。
3. 《鮮味高湯的秘密》2017 年幸福文化出版，長濱智子著。
4. 《四季裡的港式湯水圖鑑》2022 年幸福文化出版，包周著。

茶樓

- **新興食家**：香港島堅尼地城士美非路 8 號地下 C 舖（港鐵堅尼地城站），營業時間為凌晨三點至下午四點
- **蓮香樓**：香港島威靈頓街 160-164 號，營業時間為早上六點到下午四點，晚上六點到十點
- **六安居**：香港島上環德輔道西 40-50 號 2-3 樓（港鐵西營盤站 A1 出口步行五分鐘），營業時間為早上六點至晚上十點
- **海連茶樓**：荃灣福來邨永嘉樓地下 15-16 號舖，營業時間為早上五點至下午兩點半）

中式宴席餐廳（上午供應飲茶，晚上供應宴席菜）

- **名都酒家**：金鐘道 95 號統一中心四樓（港鐵金鐘站 D 出口步行）
- **百樂潮州酒家**：銅鑼灣時代廣場 10 樓 1002 號舖（港鐵銅鑼灣站 A 出口）

點心專賣店（全日供應）

- **得閒飲茶**：太子運動場道 7B 號地舖（港鐵太子站 A 出口步行）
- **蒸盧**：石門安群街 3 號京瑞廣場 1 期 2 樓 225 號舖（港鐵石門站 C 出口步行）
- **老馮茶居（元朗）**：元朗大棠路 66 號地舖（港鐵朗屏站）

Chapter 4 視與聽・飲食與交流

燒味～今晚斬料

在台灣說的香港燒臘，香港稱為「燒味」或「燒臘」。初到香港生活時，我常被茶餐廳與燒味店供應的白飯份量震驚，單人份的白飯份量，是台灣一人份白飯的兩至三倍，後來才明白，燒臘店與茶餐廳不只售價平易近人、白飯份量更霸氣，尤其外賣時，更會將白飯裝滿再壓實，絕不讓你餓。

今晚斬料,斬料加餸!

年節時,有時會與先生前往親戚家吃飯聚餐。若先得知參與人數,我們倆心裡總會思量:「唔夠唔餸?斬啲料過去?(菜量夠不夠?去燒味店切一些燒味帶過去加菜?)」於是順路到燒味店斬料,再外帶過去親戚家。而且住在香港後才發現,台灣的燒臘店與香港燒味店的品項有點不一樣。

香港燒味店除了家禽類的燒鵝、油雞、切雞,以及豬肉製作的叉燒、燒肉、紅腸和燻蹄,還因市場競爭激烈,各家店常有不同的熟食供應。例如沙薑雞、涼拌海蜇、麻辣涼菜、口水雞,甚至各式潮州滷水,種類豐富。

▲香港各區都有美味燒臘值得探索,不必只追人氣推薦店家,當然,非觀光客常去的店則建議多用廣東話點餐,也要注意盡量跟上這類快餐食肆的規則:搭檯(與他人併桌)、快吃快離,避免因為拍照而影響其他顧客。

Chapter 4 視與聽・飲食與交流

―― 香港燒味小圖鑑（豬肉類） ――

叉燒 〔粵拼：Cha¹ Sui¹〕	燒肉／燒腩 〔粵拼：Siu¹ Jik⁶ / Siu¹ Naam⁵〕
汾蹄／燻蹄 〔粵拼：Fan¹ Tai⁴〕	紅腸 〔粵拼：Hung⁴ Cheung²〕

台灣胃看香港餐桌

――― 香港燒味小圖鑑（家禽類）―――

油雞（豉油雞）〔粵拼：au⁴ Gai¹〕	切雞（白切雞）〔粵拼：Chit¹ Gai¹〕

燒鵝〔粵拼：Siu¹ Ngo²〕	鹹蛋〔粵拼：Haam⁴ Daan²〕

▲由左至右分別是蔥薑蓉、梅子醬、蒜醋、黃芥辣（黃芥末）。

與燒味食物搭配的各式沾醬

　　台灣街邊的燒臘便當店融合了一個便當多配菜的方式，並提供簡易沾醬，例如蔥薑蓉（台灣稱蔥油、港式蔥薑油）。在香港的燒味店裡，則會根據不同燒味食物搭配對應的沾醬：叉燒淋叉燒汁、切雞與油雞附蔥薑蓉、燒鵝配梅子醬、燻蹄搭蒜醋汁、燒肉與燒腩則是黃芥辣（黃芥末）。

香港燒味店只能吃飯？可以粉麵自由配

香港的燒味店會提供白飯以外的粉麵，例如米粉與瀨粉，讓顧客選擇。米粉是台灣人也熟悉的食材，質地輕盈的湯米粉與燒味濃郁的風味相當平衡。口感微脆、半透明的米製瀨粉，是我在燒味店吃燒鵝時最愛的搭配；如果不太餓，則選米粉做搭配。若到香港吃燒味，除了白飯，不妨多嘗試搭配不同粉麵，祝你找到最鍾意（喜歡）的組合！

▲由左至右分別是米粉、瀨粉。

Chapter 4 視與聽・飲食與交流

―― 香港燒味店的澱粉主食選項 ――

| 白飯 | 湯米粉 | 湯瀨粉 |

話你知

▲粳米較圓且帶黏性。

香港燒味店大多使用長型且黏度低的「秈米」，又稱「粘米」（台灣稱在來米），泰國米與香港絲苗米皆屬此類。在香港餐飲店中，泰國米是主流，因此許多人習慣將秈米直接稱為泰國米。

相較之下，台灣、韓國和日本料理店則偏好較圓且稍黏的粳米。雖然粳米並不限於日本產，但因香港多從日本進口，所以在香港提到粳米，常直接聯想到日本米。

跨市場餐飲後入境隨俗：飲食的進化

香港燒味進入台灣後，像燻蹄、紅腸、燒鵝這類常見於香港燒味店的品項逐漸少見。取而代之的是因應市場喜好，結合台灣便當裡多種配菜模式的「港台混血燒臘便當」，甚至發展出香港沒有的叉燒蜜汁雞腿，燒鵝也因地制宜改為燒鴨販售。

同樣地，台灣飲食進入香港也隨市場需求調整，例如薄皮蛋餅變為厚實抓餅，鹽酥雞成為便當主菜或滷肉飯配菜。這些演化，正如南洋沙嗲傳入潮州後，隨著人口流動與商業需求，發展成台灣的「沙茶」與香港的「沙嗲」，展現了飲食跨市場的自然演進。

◀香港燒味可選配白飯或配湯粉麵，配菜僅少量菜心。而台灣的港式燒臘飯，則因應大眾飲食習慣，進化為多配菜便當。

Chapter 4 視與聽・飲食與交流

叉燒與燒肉之外，
不可錯過的香港燒味

　　有時先生會在網上找些舊時代的廣告讓我練習廣東話，像是玉冰燒酒的的廣告歌：「斬料！斬料！斬大嚼話你知叉燒、油雞、滷味樣樣都要」，聽過一次後，餘音繞樑一整晚，算是那個時代的洗腦歌吧～

台灣胃看香港餐桌

▲叉燒燒製時，帶糖的醬汁在高溫下產生梅納反應而形成「爐邊」，就是肉塊邊緣微焦脆的部分。

　　甜滋滋的叉燒，誰不愛？吃叉燒也能窺見港台飲食差異。有次帶台灣朋友吃燒味，興奮地請店家切了肥香多汁的肥叉，未料朋友欲言又止的問：「叉燒這麼肥正常嗎？」這才意識到自己忘了港台喜好有別，卻一股腦地推薦肥叉。不過，一旦迷上脂香滋味，便想比較肥叉、半肥叉甚至排骨叉的魅力，尤其帶有爐邊^{話你知}更美味，梅納反應賦予焦香，咀嚼之間，能感受到脂香、肉汁與叉燒汁交織，香、滑、肥。

　　在香港吃燒臘，尤其老店，還能見到台灣少見的叉燒細分部位。例如灣仔的「再興燒臘」和荃灣的「聯發燒臘飯麵家，提供三種

Chapter 4 視與聽・飲食與交流

叉燒部位：瘦叉燒、肥叉燒、和排骨叉燒。瘦叉燒使用脂肪最瘦的部位，少了脂肪的潤滑，口感偏噠（乾澀），可用於滑蛋叉燒等料理；肥叉燒則使用去皮的五花腩，脂香濃郁，油滑多汁，但吃多了可能會覺得脲（膩）；最受大眾歡迎的是肥瘦均衡的半肥叉燒，使用脢頭（台灣稱梅花肉）製作，脢頭裡還有前端帶筋膜的部位，被稱為「第一刀」，這是老饕最愛的部位；在老字號燒味店裡還有使用唐排與一字肋排製作的排骨叉。

───香港叉燒小圖鑑───

瘦叉〔粵拼：sau³ caa¹〕

半肥叉〔粵拼：bun³ fei⁴ caa¹〕

肥叉〔粵拼：fei⁴ caa¹〕

排骨叉〔粵拼：paai⁴ gwat¹ caa¹〕

新式燒味店為考量到成本與供應便利性，通常減少叉燒細分品項。若想品嚐不同部位的叉燒，不妨光顧老店或專門店。其實，香港各區的燒臘選擇多不勝數，歡迎自行探索，發掘最合心意的味道！溫馨提醒，燒味店和茶餐廳多屬節奏快的食肆，主要為匆忙的人提供便利，記得跟上步調喔。

話你知

嚿〔粵拼：gau⁶〕
香港廣東話口語裡，塊狀單位以「嚿」表示，例如一嚿、兩嚿、大嚿、細嚿。

燶〔粵拼：lung¹〕
形容因梅納反應產生香氣與酥脆口感的焦邊，例如半煎炸的脆皮煎蛋即稱為「燶邊煎蛋」，帶香酥焦邊的叉燒叫「燶邊叉燒」。也可用來形容烤焦的情況，例如「燒燶咗（燒焦了）」。

脷〔粵拼：lau⁶〕
指油脂過多的肥膩油膩或風味過膩。在香港，會用「好脷（ho² lau⁶）」表達。

脆皮燒肉有更多部位：不見天、燒腩、沙梨篤

在食物名稱前冠上地區或特徵，是為避免飲食品牌跨市場後出現地方用詞差異，或為了避免與當地原有食物相互混淆，而產生的地方性用詞。例如，燒肉在台灣常被稱為「脆皮燒肉」或「港式脆皮燒肉」，因此台灣人提到「燒肉」時常聯想到日式燒肉，使用地方性用詞較易區隔。我會提醒訪港的台灣親友，在香港若想吃「港式脆皮燒肉」，只需說「燒肉」或「燒腩」即可。

在香港的燒味店吃燒肉，還有細分不同部位。在燒味老店或名店裡，從頭至尾可按不同部位選擇，常見有三種：不見天、燒腩、沙梨篤。不見天，取自肩胛下方 8：2 肥瘦比例的部位，在台灣又稱為「胛心肉」，有適度的脂肪，瘦肉則肉質細緻，不易乾柴；燒腩位於肚腩（台灣稱五花肉或三層肉），肥瘦分層，偏肥。燒得好時，肥脂轉化為膠質感，滑而不膩且帶豬油香，偏好濃厚風

▲燒肉的不同部位，從頭至尾是：不見天、燒腩、沙梨篤。

味的食客會喜歡；偏好瘦肉的食客則可選沙梨篤，位於臀部，接近全瘦，入口雖少了豬脂香，但咀嚼時會不時滲出瘦肉的鮮甜。

和前文提到的燒肉一樣，新式的燒味店或許因為成本考量，通常僅提供兩種：使用前肩胛的「燒肉」與使用五花腩的「燒腩」。對了，吃燒肉若沾上黃芥末醬，解膩效果一流。若想細細品嚐不同部位的燒肉，可到燒味老店走一趟，並試著用廣東話點餐，感受更地道的用餐體驗。

──香港燒肉小圖鑑──

不見天（胛心肉） 〔粵拼：Bat¹ Gin³ Tin¹〕	沙裡篤（臀部肉） 〔粵拼：Sa¹ Leui⁵ Duk¹〕

燒腩（三層肉） 〔粵拼：siu¹ naam⁵〕	燒肉（前肩胛） 〔粵拼：siu¹ yuk⁶〕

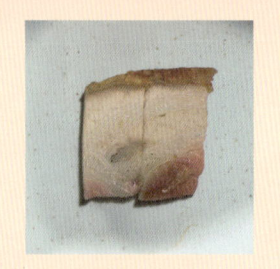

帶酒香的燻蹄

不同於燒製食物,燻蹄是以白滷水製成的涼菜,風味因店而異。有些以滷水香料取勝,有些以酒香見長,這可能是師傅的配方,也可能是食品供應商的風味特色。在香港,餐飲業受到嚴格的食物牌照規範影響。從燒味店、茶餐廳到小吃攤,甚至是餐廳與食品製造業,每種類型的食肆牌照都有可製作與限制的食物範圍與烹調方式。為此,飲食經營者需要考量多方因素,包括牌照許可範圍、廚房空間以及經濟效益。

因此菜單中可能有一部分菜品,可能非自家製作而是來自食品供應商,當然,也有不少店家開設了自家的食品製造工廠,以確保不同分店能維持品質和風味的一致。這是因應地方規範與市場成本而生的結果。燒味店賣的燒味,不一定都在店內燒製,有些師傅們會在持有熟食肉類牌照的自家食品工廠製作,再分送至自家店鋪

銷售，或販售給其他也想兼售燒味的食肆。在香港當然也有樣樣都是從零做起的料理，但因應店舖成本，勢必要付出更高的價格。

說回燻蹄，這道涼菜在燒味店通常搭配蒜醋汁作爲沾醬，風味濃郁。若想體驗製作的繁瑣程度，雖然可以在家做，但確實需要一些閒情逸致。用白滷水和黃酒滷製帶骨豬手，趁熱去骨及修整，留下一圈帶皮的肉，鋪平後縱切數刀便能輕易捲起，捲成長條形，再以錫箔紙緊緊包裹定型，冷卻後切薄片裝盤。至於能否達到師傅級手藝爲其次，享受製作過程與成果才是在家自製之樂趣所在。然而，繁忙又便利的香港生活，讓許多人選擇減少開伙。我們偶爾想不到吃什麼，也會踏進燒味店，當個輕鬆的食客。

燒鵝配瀨粉，燒鴨請借過

台灣的港式燒臘便當店多供應燒鴨，鮮少見香港燒味店常有的燒鵝。香港沒有燒鴨嗎？當然有，但相較於台灣，燒鴨確實較少。過去家禽類成本波動時，有些店家暫時以鴨代鵝；有些店家則堅持只供應燒鵝，不以鴨代鵝。當然也有店家兼賣燒鵝與燒鴨，滿足不同顧客需求。

在香港燒味店，我常點燒鵝配瀨粉。薄脆鵝皮散發梅納反應後的誘人香氣，鵝肉細嫩多汁、鵝脂肥滑，油香瞬間霸佔味蕾。燒

Chapter 4 視與聽・飲食與交流

▲上圖為燒鴨,鴨頭無隆起,喙扁且長,鴨肉肉質較粗糙且帶嚼勁;下圖為燒鵝,鵝頭部隆起,鵝的喙稍短,鵝肉的肉質更細緻且皮下油脂更多。

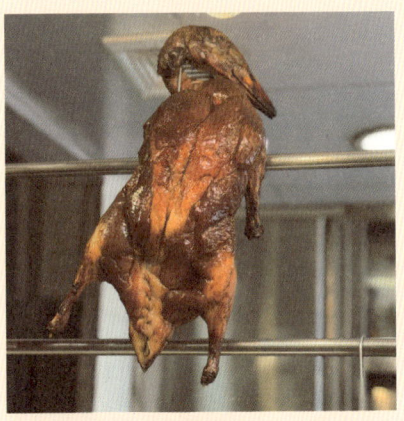

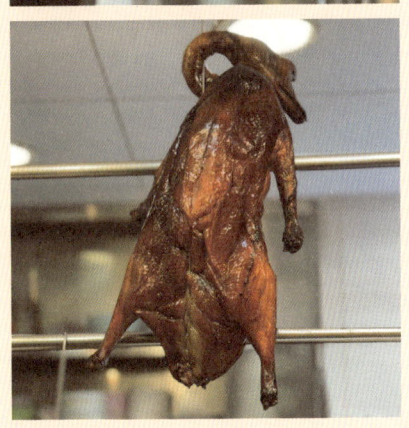

鵝的油脂與肉汁融入湯中,讓湯瀨粉風味升級,再配一口瀨粉,還能緩解油膩。鵝肉「點(台灣稱沾)」酸甜的梅子醬吃,讓風味更有層次。若遇「出糧(香港稱發薪)」手頭預算足,則升級點上燒鵝髀(鵝腿),大口吃肉,無比滿足。

香港美味店家多如繁星,未能盡試也是常事,各區都有燒味店與專賣店能嚐到燒鵝。位於天后的「華勝燒鵝」,其鵝皮帶有稍明顯的煙燻香且肉多汁,咀嚼時香氣十足,華勝燒鵝以燒味店的

台灣胃看香港餐桌

▲ 燒鵝通常搭配梅子醬，此外我也喜歡在吃燒鵝時配瀨粉（攝於深井／裕記）。

▲ 左圖為燒鵝髀，滑上加滑；右圖為半隻或一隻燒鵝，不妨試試不同部位的口感。

Chapter 4 視與聽・飲食與交流

形式經營，餐點價格相對實惠。在中環，也有許多馳名海外的燒鵝名店，例如「一樂燒鵝」和「甘牌燒鵝」，也因所在地段成本反映在售價上。除了燒味店，也能前往合菜形式的燒鵝專賣店，例如深井的「陳記燒鵝」和「裕記大飯店」，他們的燒鵝既大又肥，並供應各式熱炒菜與湯品供多人共享，不過價位也相對較高。

雖說燒鵝製法相同，但因調味配方與師傅的手法有所分別，不妨多加探索與嘗試。還是那句老話，眾口難調，香港各區皆有美味，每家都有亮點，但能在競爭激烈的香港市場裡生存下來的店舖，必有其優點，相信你也能找到自己最愛的那一間店。若像我一樣說不出唯一愛店，也屬正常：「選擇多，還不想定下來。」唉！就讓我當個美食感情渣吧。

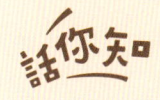

▲上圖為位於天后的華勝燒鵝；下圖為適合多人聚餐的燒鵝店，店內還有熱炒菜（攝於深井／裕記）。

話你知

燒〔粵拼：Siu¹〕
以明火炙烤肉類食材的料理方式，在香港稱為燒，台灣則說烤。例如燒鴨／烤鴨，燒肉／烤肉，大多在前面冠上「燒」字。

焗〔粵拼：guk⁶〕
以焗爐（台灣稱烤爐）烘烤的料理，在香港稱為「焗」。若擺上乾酪（起司絲）再烤至融化封層（Gratin）的方式，在香港稱「烤焗」，台灣則稱焗烤。

▲ 切雞雙拼搭配蔥薑蓉，黃色的是油雞。

油雞與切雞

香港飲食對肉質的「滑」特別追求，在燒味店，油雞與切雞皆以浸雞方式控制溫度，以呈現滑嫩的肉質。香港人稱的「切雞」，即是白切雞（台灣稱白斬雞），以蔥薑水與反覆浸雞的方式烹調。豉油雞簡稱為「油雞」，主要以滷汁完成浸雞步驟，若滷汁內有添加玫瑰露酒的話，則稱「玫瑰豉油雞」。

吃雞，自然少不了蔥薑蓉，將去皮的生薑剁成細末，與細蔥花一同放入碗裡，撒上適量細鹽，取一個小鍋將油燒熱，當熱油接觸食材後，快速迸發出滋滋聲，緊接著香氣隨之四溢。白切雞與油雞搭配蔥薑蓉不只既解膩又提香，也加強了「滑」的口感。

Chapter 4 視與聽・飲食與交流

燒味店裡的東西合璧：紅腸

食物跨地區進入市場後，會出現在地化的地方名稱與用詞。例如，台灣的「香腸」到了香港，被稱為「台灣腸」，在香港提及香腸時，泛指西式香腸（Sausage）。茶餐廳裡的廚師牌雞肉腸，外觀是粉紅色的，味道接近台灣說的「熱狗」，而香港的「熱狗」則沿用英語邏輯，意指「夾著香腸的麵包（Hot Dog）」。

▲ 上圖為香港燒味店的「紅腸」；下圖為熱狗（上方）和台灣常見的香腸（下方），為 Taiwanese sausage。

話你知

從紅腸與香腸等飲食與生活中的港台用詞差異，可見跨地區生活或工作時，為避免溝通誤會需轉換為對方能理解的詞彙。

轉換的彈性，不表示我們會忘記自己文化裡的語彙。不過，異地生活久了難免語言錯亂，比如詢問價格時的「多少錢」，如今我常脫口說成廣東話的「幾多錢？」

香港燒味店裡還有一款東西融合的「紅腸」，外型粗且口感紮實，外表染上有些老土的鮮紅色，風味卻融合了東方腸的中式香料調味，以及西式腸脆皮與煙燻香，是燒味店裡價格最實惠的選項，常出現在香港燒味店的四寶飯裡，但在台灣經營的港式燒臘店裡卻很少見。

▲左圖為茶餐廳都有的廚師牌雞肉腸，又稱廚師腸，此為香港本地的金妹香腸；右圖為香港平價餐飲食肆及燒味店裡都能見到的紅腸。

- 聯發燒臘飯麵家：荃灣街市街 17 號地舖
- 華勝燒鵝：天后電氣道 69 號地舖
- 裕記大飯店：深井深康路 9 號地舖
- 再興燒臘：灣仔軒尼詩道 265 267 地下
- 一樂燒鵝：香港島中西區士丹利街 34-38 號

～香港各區皆有美味燒臘，無法全部收錄，推薦來港遊玩時多多探索～

Chapter 4 視與聽・飲食與交流

貼地的熱鬧飲食：
香港大牌（排）檔

▲用餐不拘小節的大排檔適合多人相聚，有些店家更以「戰鬥碗」作為酒杯，以展現豪氣（攝於妹記大排檔）。

若以台灣人熟悉的詞彙來比喻，大排檔就像持有合法牌照的「路邊攤熱炒」，氛圍可比台灣熱炒店或海產快炒店，煙火氣十足，充滿市井人情味，是貼地（務實且無距離感）的香港街頭飲食代表，露天經營的快炒攤、鐵皮屋與帳篷、隨手可收的摺椅與桌子，再加上不絕於耳的鍋鏟翻炒聲、店員吆喝聲以及食客舉杯暢談，構成了大排檔獨有的熱鬧與喧囂。

大排檔最繁盛於 50～60 年代，因應當時規定，街邊小販需將被暱稱為「小販大牌」的「固定小販牌照」牌照張貼在顯眼處，故持有此牌的攤位被稱為「大牌檔」，後來又被俗寫為「大排檔」。自

台灣胃看香港餐桌

80年代起，許多街邊大排檔歇業，部分轉入店面經營。香港的飲食牌照也增訂了更多牌照規範。如今的大排檔，實為持有「普通食肆牌照」的餐廳，但仍保留熱鬧的用餐氣氛與菜式。

大排檔的菜色類型包含鑊氣十足的快炒及油炸料理，大多屬於風味濃烈且具江湖氣息的菜式，適合多人分享再配上啤酒，光是為了那熱鬧的飲食氛圍，就值得一去。在那樣的場域裡，沒人在意你是否優雅，而是能否卸下面具、敞開心胸與朋友歡聚，畢竟在需要戴上保護色的江湖裡，有多少能讓你安心卸下武裝的好友？

大牌檔菜式組合有哪些？

| 爆炒 | 豉椒 | 炸 | 椒鹽 | 砂鍋煲＋肉 | 海鮮 | 雜錦 | 蔬 | 飯 | 麵 |

▲快炒菜、炸子雞、炸豬大腸等帶煙火氣息的豪爽菜式（攝於妹記大排檔）。

Chapter 4 視與聽・飲食與交流

大牌檔常見菜式小圖鑑

豉椒排骨炒（煎）麵	豉汁涼瓜炒蟹
魚腸混合蛋液的焗魚腸	炒鴨腸
快炒蔬菜類	炸豬大腸

大排檔搵笨？多樣食材混炒的下酒菜：小炒皇

　　小炒皇是大排檔裡的下酒菜。各家做法略不同，常見食材如大蝦乾、炸銀魚、魷魚、五花肉片、韭菜花段以及腰果，再配上 XO 醬、蒜蓉、豆豉與辛香料爆炒至鑊氣四溢，比起餸飯（下飯），更適合餸酒（下酒）。若遇上用料十足的店家便是餸酒好菜，但也有可能是一道搵笨菜_{話你知}。

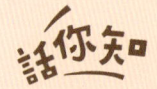

話你知

搵笨〔粵拼：wan² ban⁶〕

搵爲「尋找」之意，搵笨則爲「讓不精明的人上當」。「你搵我笨呀？」意指，你當我是傻子嗎？在台灣則說：「你當我是『盤子』啊？」「呢個係搵笨菜啊」就像台灣人說的「這是『盤子』會點的菜」，盤子、潘子的台灣台語正字爲「盼仔」。

豉椒炒蜆讓我想起台灣的炒海瓜子

　　大排檔裡的「豉椒炒蜆」也能在家簡單做，可在香港街市購買橢圓形的花甲蜆或沙白蜆。預先準備好蔥段、薑末、蒜末、紅辣椒絲、紅蔥末，用酒將豆豉稍微浸泡後，取出瀝乾再剁碎。待花甲蜆吐沙後瀝乾，備一個滾水鍋，水滾後關火，把花甲蜆預先泡入熱水裡，只需快速汆五至六秒，不必等蜆開口便立即取出瀝乾，這個步驟會使炒蜆時加快開口，當然也可省略此步驟，直接快炒。接著取炒鍋，燒鍋熱油後放入辛香料及以中大火爆香，倒入花甲蜆，接著加入豆豉、生抽、糖、料理酒翻炒至蜆逐漸開口，最後加入蔥絲與紅椒絲拌勻，即可裝盤享用。

◀ 香港的豉椒炒蜆總讓我想起台灣熱炒店賣的炒海瓜子。

台灣胃看香港餐桌

令人思鄉的油炸海鮮

有一天，我在大排檔裡找到了連結台灣海產熱炒店的風味——椒鹽鮮魷和椒鹽九肚魚，意外地撫慰了胃的鄉愁。椒鹽鮮魷的做法是，將新鮮魷魚切塊裹薄粉炸至酥脆，再回鍋與椒鹽、炸蒜、蔥段、紅椒絲翻炒；至於椒鹽九肚魚則讓我聯想到台灣海產熱炒店的「酥炸水晶魚」。兩地使用的魚種不同，但皆選擇能可連骨一同吃下的小魚，裹粉油炸至金黃，再搭配椒鹽或金沙風味翻炒，外酥內嫩，總讓筷子停不下來。

話你知

「別點七盤菜？」

這與香港人辦喪禮的習俗有關，一般在法事之後，通常喪家會招待親友吃解穢酒，而解穢酒通常爲七道菜，因此在日常飲食生活中很自然地會避免點七道菜。

▲左圖爲椒鹽金沙九肚魚（攝於楚撚記大排檔）；右圖爲椒鹽鮮魷，可沾噏汁吃（家庭版本）。

Chapter 4 視與聽・飲食與交流

邊度食

- 榮記東成飯店：灣仔寶靈頓道 21 號鵝頸街市一樓鵝頸熟食中心 CF4 號舖
- 小菜王大排檔：深水埗福榮街 43 號地舖（港鐵深水埗站 B1 出口步行）
- 愛文生：深水埗石硤尾街 1A-1C 號深水埗大廈（港鐵深水埗站 A2 出口步行）
- 楚撚記大排檔：皇后大道西 554-560 號富里百好大廈地下 1 號舖（香港大學站 B2 出口）
- 妹記大排檔：尖沙咀金馬倫道 5 號太興廣場三樓（港鐵尖東站 B2 出口步行）

～香港各區皆有熱鬧美味的大排檔，未能盡錄，歡迎來港多多探索～

309

打甌爐：
香港吃火鍋的講究之處

　　亞洲人的飲食生活裡總有火鍋的身影，從家庭式清爽高湯鍋、台式潮汕石頭火鍋、改良自川式的台式麻辣鍋，以及一人份臭臭鍋。隨著飄泊的足跡延伸，進到我飲食生活裡的火鍋種類也不斷增加：韓國的清湯餃子鍋、部隊鍋和馬鈴薯排骨鍋；日本的相撲火鍋、壽喜燒；北京的羊肉銅鍋、重慶的牛油麻辣鍋、成都的菜籽油麻辣鍋；潮汕的手切牛肉鍋、順德的粥底鍋等，實在五花八門，如今身處香港，仍有各式各樣的火鍋等著我。

　　在香港吃火鍋，稱為「打甌爐」，俗寫為「打邊爐」，「甌」[註] 源於古代器皿名稱，專指口寬且深度低的小瓦盆。從古老食器的名稱，即可窺見昔日生活與飲食習慣，因為古時候的器皿多有特定造型與用途，如「簋」盛米飯，「簠」裝穀物或玉米；「豆」是盛醬汁或醬菜的高腳容器，「籩」則裝果實或肉乾；飲酒用「匏爵」，切肉砧板稱「俎」，當時的每種器皿都有指定用途，十分講究。

註及參考資料：
「甌」指大口而低的小瓦盆，盛食器。「甌，似小瓿，大口而卑，用食。」，出自於《說文解字：卷十三：瓦部》。从瓦。甌字，讀音為「邊」，若使用台灣的國語注音輸入法時，可以試著打「偏」。

理想的社交飲食場所：打甂爐，邊吃邊聊

在香港與朋友聚會時，我常選擇火鍋，因為用餐與離座速度與餐廳類型有關。茶餐廳、燒臘店屬於「快吃快離」的快餐場所，不適合餐敘；想跟朋友慢吃慢聊？可以選擇大排檔、飲茶、中式宴席餐廳和火鍋店，比較無催促感，有足夠的時間能更新彼此近況。

「圍爐取暖」可以是物理上，也可以是心靈上的。香港人普遍重視隱私，與朋友相約較少直接約在家裡，外出餐廳用餐是理想選擇。而火鍋店，更是避免朋友挑食或中伏^{話你知}的安心之選。

從火鍋和燒烤，看港台兩地的社交差異

在香港，吃燒烤與火鍋的社交習慣與台灣略有不同。在香港吃燒烤時，每人手持Y字鐵叉，自行串食材，邊烤邊聊；吃火鍋時，則用小湯勺涮食並認領自己的食物，有時不小心一燃起自己的台式體貼魂，忍不住在餐敘時照顧他人，卻常聽香港朋友說：「我自己嚟得啦！（我自己來就好！）」。當時由於對語言聲調和社交差異仍不熟悉，曾誤會自己被拒，後來才發現「自己來」能讓彼此平等地享受餐聚。港台的「照顧你」與「自己來」方式有別，但皆出自善意，若互不理解，便產生誤會。於異地生活，如遇不解之事，不妨跳脫固有思維，從價值觀與社交方式去釐清，便能

減少文化衝擊。我常笑說,遊子好像火鍋料被放入不同火鍋湯底,一邊在他鄉適應,還得保有自己。

在重視湯水而聞名的香港市場,火鍋湯底更是百花齊放。各家火鍋店有其特色湯底,尖沙咀的「高流灣海鮮火鍋酒家」有款膠質滿溢的金湯花膠雞湯。豐厚的金黃雞湯配上一隻全雞,風味濃郁,得提醒自己克制,別把湯喝光,因為湯底雞脂多,用來涮豆苗(台灣稱大豆苗)後極為滑嫩美味。

香港火鍋店裡還有一款「芫茜皮蛋湯」。湯底加入大量芫茜,有整株放入或切碎覆蓋湯面的方式,並搭配奶白魚湯或豬骨清湯等,在香港的食養觀念裡認為這款湯有清熱滋陰之效,若是香菜控到港一遊,推薦試試看。有著香港懷舊店面的「十下火鍋」也有特色湯底,例如酸菜配泡椒的「酸菜辣肉湯」,以及白菊、冬瓜、雞骨及豬骨搭配而成的「白玉菊花湯」。

話你知

伏〔粵拼:fuk⁶〕

台灣的「踩雷」在香港叫「中伏」,有種中埋伏的感覺。不好吃的餐廳稱為「伏店」,面試後覺得怪怪的工作叫「伏工」,而情況不對勁時則說「伏伏地」。

而以華麗賣相見長的「香江花月火鍋」,也有刻出花形木瓜、桃膠、食用花與牛奶的「木瓜桃膠牛乳湯」。在佐敦曾有一間「金撈老鴨湯火鍋」,以老鴨、蟲草花、白蘿蔔煲成滋陰的老鴨湯底,可以先喝湯再涮火鍋,湯底十分美味,可惜撰寫此書時已歇業。

▲老鴨湯(攝於佐敦／金撈老鴨湯火鍋)。

- 高流灣海鮮火鍋:尖沙咀寶勒巷 6-8 號盈豐商業大廈二樓
- 十下火鍋 Suppa(港式火鍋):香港銅鑼灣登龍街 28 號永光中心二樓
- 香江花月(華麗湯底與火鍋料):佐敦佐敦道 31-37 號百誠大廈二樓

台灣胃看香港餐桌

———— 打邊爐湯底及店家小圖鑑 ————

金湯花膠 （攝於高流灣）	木瓜牛奶 （攝於香江花月）	胡椒豬肚 （攝於十下火鍋）
沙嗲與芫荽 （攝於火水爐）	椰子雞 （攝於香香宮煮）	芫荽皮蛋 （攝於新東記）
無米粥底 （攝於滿粥）	蔬果牛骨 （攝於 616 牛肉火鍋專門店）	木瓜番茄鮮魚湯 （攝於十下火鍋）

314

―― 結合食養觀念的香港火鍋湯底 ――

湯底類型	湯底名稱	風味特色與食養方向
香港火鍋湯底	香菜皮蛋魚湯	風味清爽、清熱滋陰
	瑤柱冬瓜湯	
	番茄豬骨湯	醒神微酸、醒脾和胃
	木瓜牛奶豬骨湯	奶香溫潤、養顏美容
	鹹菜胡椒豬肚湯	帶胡椒辣、散寒健脾胃
	養顏花膠雞湯	風味溫潤、養顏補氣
	椰子雞湯	甘潤清爽、清熱滋陰
	老鴨湯	鮮香回甘、清燥滋陰
潮汕式火鍋湯底	清水湯底	
	蔬果牛骨南薑清湯底	
	苦瓜黃豆牛骨湯底	
順德火鍋湯底	無米粥水	通常與海鮮食材搭配
南洋風味湯底	沙嗲湯底	港式沙嗲的花生醬湯底風味
	冬蔭功湯底	泰國冬蔭功湯改良為香港湯底風味
日式湯底	日式昆布柴魚鍋	常見於日式火鍋店
台式湯底	台式鴨血麻辣鍋底	
川式湯底	重慶牛油麻辣湯底	

「廣東順德粥底火鍋」與美味海鮮

來自廣東順德的粥底火鍋,徹底擄獲了海鮮愛好者的心。以無米粥水做為湯底,突顯海鮮原味。香港人講究恰到好處的海鮮熟度,店家更會提供計時器,附上烹煮時間建議及海鮮入鍋順序建議。

待粥水沸騰後,先煮沙白蜆等小型貝類,只需兩分半鐘,一口氣全部撈起後,全桌的人專心品嚐,享用後再煮下一樣。接著,尺寸較大且已將半邊殼撬開的貴妃蚌或鑽石蚌,只需煮三十秒即可撈起,嚐來鮮美多汁。接著開始煮鮮鮑魚,鮮鮑魚在香港並不算昂貴,貴的是乾貨店的乾鮑魚,還在扭動的新鮮鮑魚只需三分鐘就熟,風味細緻,入口彈牙。

接下來,輪到魚和蝦了。香港火鍋的魚類選擇通常包括去骨的魷魚肉片,分為魷魚腩和口感較脆的爽肉魷,還有切片供應的白鱔魚。蝦子種類大多為「基圍蝦」,這種蝦子是以人工圍建的基圍所養殖的蝦,煮兩分鐘即可享用。最後,粥底火鍋的重頭戲來了。此時大家正在剝蝦,此時放入需要時間烹煮的螃蟹或龍蝦,視店家供應的尺寸,螃蟹大約需煮十分鐘。

當大家開始拆蟹及吃蟹時,粥水吸收了海鮮的精華,已成為一鍋濃郁的海鮮湯底,

Chapter 4 視與聽・飲食與交流

　　此時店家會在粥水中加入煮軟的粥膽（煮軟後瀝去米水的粥）、放入玉米粒，以及切成大約 0.5 公分的南瓜丁與芋頭丁，煮至南瓜和芋頭熟爛融入粥底時，可加入蛋花，變成一鍋金黃色的海鮮風味粥底。可以吃了嗎？還沒、還沒。此時關火，撒入切碎的豬油渣、菜脯末、冬菜末、蔥花和芫荽後輕輕拌勻一下，原本雪白的粥底已成黃綠交錯的美味海鮮粥，每人可分得兩碗，飽且滿足。

　　因為各式食材風味會滲入粥底裡，而影響粥品風味，和朋友們一起吃粥底火鍋時，彼此總心照不宣地盡量點原型食材，我們的共同目標是——最後的粥一定要鮮美好吃！

・滿粥順德粥底火鍋：大角咀杉樹街 2-16 號金基大廈地下 G7 號舖（港鐵奧運站 C1 出口，步行約六分鐘）
・鍋心粥底火鍋：佐敦德成街 1-5 號康源閣地下 A-B 號舖（港鐵佐敦站 E 出口，步行約兩分鐘）

台灣胃看香港餐桌

——讓粥底火鍋更鮮美的食材推薦——

帶殼貝蚌	活蟹與龍蝦	魚片與活蝦
蟹類	鮑魚	基圍蝦

——香港粥底火鍋與鮮活海產烹煮時間參考表——

生食級帶子貝蚌	帶殼貝蚌	去殼牡蠣	新鮮鮑魚	魚片與活蝦	活蟹與龍蝦
三十秒至一分鐘	兩分半至三分鐘	三至五分鐘左右	三分鐘	兩至三分鐘	八至十分鐘，視尺寸調整

註：
1. 以上食材適用於粥底配活海產，不適用於冷凍海產。因考量食安或體質需避免生食的特殊飲食者，請盡量烹煮至全熟，不適用上述烹煮時間。
2. 為保障食品安全風險，慎選良心店家也是相當重要的喔！
3. 基圍蝦是用特殊方式養殖的蝦。

Chapter 4 視與聽‧飲食與交流

潮汕手切牛肉火鍋：牛肉刁鑽，吃也刁鑽

潮汕手切牛肉火鍋最經典且刁鑽的湯底是一鍋清水，爲讓顧客專注品嚐牛肉不同部位的風味；此外還有清熱的涼瓜黃豆湯（台灣稱苦瓜），以及用蔬果與中式香料的蔬果牛骨清湯。

而香港版的潮汕牛肉火鍋，不常見到清水湯。一是當地市場偏好湯水的豐厚度；其次，高昂的香港店租與人事成本疊高了售價，若供應一鍋清水，恐怕難以讓顧客接受。因此，香港的潮汕牛肉火鍋除了蔬果牛骨湯、涼瓜黃豆牛骨湯之外，也供應味濃的牛雜湯、沙嗲湯，以及各式濃高湯以滿足本地市場需求。

▲潮汕手切牛肉火鍋湯底，左圖爲涼瓜黃豆湯；右圖爲蔬果牛骨湯。

台灣胃看香港餐桌

——潮汕手切牛肉小圖鑑與刁鑽涮煮時間——

牛肉部位	牛朴肉／牛頸脊	匙柄／板腱	封門柳／橫隔肌
涮煮時間	六秒	六秒	六秒

牛肉部位	牛駝峰	翼板	五花趾／後腿腱
涮煮時間	八至十秒	六秒	六秒

Chapter 4 視與聽・飲食與交流

牛肉部位	牛心	胸口膀／牛胸白	牛心梃／牛黃喉
涮煮時間	六至八秒	十三至十五秒	十三至十五秒

牛肉部位	牛脷／牛舌	牛百葉
涮煮時間	六至八秒	八至十秒

註：
1. 因考量食安或體質需避免生食的特殊飲食者，請盡量烹煮至全熟，不適用上述烹煮時間。
2. 為保障食品安全風險，慎選良心店家也是相當重要的喔！
3. 以上品項攝自 616 牛肉火鍋專門店。

▲封門柳爲牛的橫隔肌，不用煮太久。

　　香港的潮汕牛肉會供應平時較少見的牛肉部位，因此吃潮汕手切牛肉火鍋時，我更傾選擇清爽的湯底。香港的潮汕牛肉火鍋店的肉品不只沿用潮州名稱，也會根據牛的不同部位，提供烹煮時間建議給顧客，以確保顧客能掌控火候並體驗到每個牛肉部位的肉質特色。

　　不同的牛肉部位各有特色，對應不同的烹煮時間，風味也有所差異，接下來介紹幾個牛肉部位。「封門柳」爲牛的橫隔肌，只需放入滾水中煮六秒，肉質軟嫩，油花少，肉味濃。牛腱通常切成薄片供應，在香港將牛腱稱爲「牛脹」，俗寫爲「牛展」，吃潮汕火鍋時，會將牛腱再細分爲三花趾及五花趾。台灣肉品的分割方式則爲牛腱或後腿腱，只需煮六秒，油脂少，口感爽且彈牙。

Chapter 4 視與聽・飲食與交流

　　板腱的潮州名稱為「匙柄」，在台灣稱「嫩肩里肌」或「牛牡蠣肉」，是牛排、燒肉或火鍋的常見選擇；「吊龍」又稱為肉眼，也就是台灣說的「肋眼」，肉嫩且有濃厚的肉香，是吃手切牛肉火鍋時的高人氣部位；而位於肉眼的邊緣部分稱為「吊龍伴」；位於牛頸和肩胛之間的牛頸脊稱為「牛朴肉」，運動量較多，因此口感稍有嚼勁。以上介紹的各部位，店家的烹煮建議皆為六秒，而「牛駝峰」位於牛上背，肥瘦相間且油脂分布明顯，涮煮八秒的口感最佳。

　　「胸口膀」又稱為牛白肉、牛胸白，是牛胸的脂肪部分，口感爽脆且富含油香。咀嚼時牛脂在嘴裡逐漸釋放，此部位涮煮十三秒即可，若煮得不足，入口會膩，若煮得太久，則會變小。

▲牛胸白與牛展（台灣稱牛腱）。

◀上圖為多人同桌的煮牛肉方式,以不重疊的方式將肉片排入大平網,然後同時浸至滾湯裡;下圖為牛胸白,大約煮十三秒。

　　還有風味鮮明的內臟類,例如在香港稱為「牛脷」的牛舌,會切成薄片供應給手切火鍋使用。平時較少吃的牛心,則以「雙飛(切蝶蝴刀)」的方式切片,即第一刀落不切斷,第二刀再切斷,這樣切出的肉片能像書頁般展開,讓肉片面積變大。

　　除此之外還有牛心椗,即是牛黃喉,是牛的大動脈血管,涮煮十至十二秒即可;牛的皺胃亦稱「牛柏葉」,烹煮時間因人而異,

Chapter 4 視與聽・飲食與交流

江湖上有種說法爲「七上八下」，這兩個部位皆重視爽脆口感。

有時我會搭配相對應的烹煮時間，一片片邊煮邊吃。但要是同行朋友人多，還有另一種吃法，以不重疊的方式將肉片逐一鋪在店家提供的大平網裡，然後同時浸入滾湯，對應的秒數一到，整勺起鍋，這時朋友們的筷子從四面八方過來，立刻夾光。動作這麼快，不是因爲餓，是怕速度慢了，導致牛肉熟度太過頭就不好吃了。這是講究也是刁鑽，眞的太喜歡跟香港朋友一起吃火鍋。

在香港有間名爲「616 牛肉火鍋」的潮汕式牛肉火鍋店，專營刁鑽牛肉部位。過去我曾在分別在荃灣分店（現已搬遷）及尖沙咀分店用餐。後來一位住在馬鞍山的朋友邀請我去走走，並前往位於馬鞍山中心的 616 牛肉火鍋分店，那裡也寬敞舒適。以上並非置入性廣告，而是我與親友度過美好時光的眞誠推薦，以此分享希望店家持續維持刁鑽水準。

- 616 牛肉火鍋專門店（馬鞍山中心）：馬鞍山鞍駿街 1 號馬鞍山中心地下 A06 號舖（港鐵屯馬線馬鞍山站 A2 出口步行約兩分鐘）
- 616 牛肉火鍋專門店（尖沙咀）：尖沙咀赫德道 4 號 The Hart 一樓

乾式火鍋：不在重慶誕生的香港重慶雞煲

重慶雞煲火鍋曾在香港風靡一時，有趣的是，這道名為「重慶雞煲」的料理，實際上並非源自重慶，而是由四川的乾鍋雞演變而來。不同於一般的湯式火鍋，乾鍋如其名，是以無湯水的方式烹調。菜品經過預先炒製，放入持續加熱的鍋中，再端上桌。乾鍋雞香辣撲鼻，主要由雞肉搭配蔥、薑、洋蔥、辣椒，並加入四川郫縣豆瓣醬、紅袍花椒、青麻椒，以及八角、丁香、肉桂等中式香料一同烹製，落以重油與重鹹，實乃下酒配飯的絕佳良伴。

▲左圖為乾鍋雞源於四川德陽；右圖為重慶沒有的香港重慶雞煲。

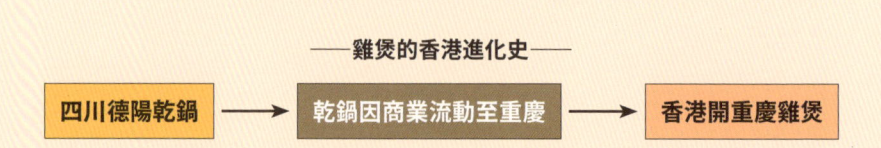

――雞煲的香港進化史――

| 四川德陽乾鍋 | → | 乾鍋因商業流動至重慶 | → | 香港開重慶雞煲 |

Chapter 4 視與聽・飲食與交流

　　後來，商業的推動讓「乾鍋雞」有了新吃法。爲了避免持續加熱而使乾鍋底部黏附醬料，雞肉吃完後會加入開水，直接讓麻辣調味料融爲湯底，然後再放入毛肚及其他食材做火鍋，如此就能一鍋兩吃，成爲「乾鍋雞火鍋」。

　　乾鍋雞火鍋來到香港後，風味上做了調整，爲符合本地飲食習慣，香港版減少了辣度與油脂比例，湯底也從清水演變爲豐厚的豬骨湯，讓麻辣醬汁與濃郁高湯融合，再涮煮各式火鍋食材。由於不少店家以「重慶雞煲」作爲商業推廣，因此讓本地人誤以爲這款「雞煲火鍋」料理源自重慶。

　　然而，香港餐飲市場瞬息萬變。雞煲火鍋在流行風潮過後便迅速降溫。許多人目睹了雞煲火鍋的興衰。如今，香港的重慶雞煲又進化了：不再是在麻辣口味的原鍋內直接加入湯，而是享用麻辣雞煲後移走雞煲鍋，更換爲火鍋湯鍋，再讓顧客選擇喜歡的火鍋湯底。重慶雞煲，用風味和形式的進化說了一場遷移後需適應的故事，或許就像離鄉在他方生活的異鄉人，總得學會找尋適合的方式入鄉隨俗吧。

・火水爐冰室火鍋：旺角煙廠街 33 號朗廷軒一樓
・城寨煲皇：尖沙咀亞士厘道 24-38 號天星大廈地庫 A 號舖
・龍鳳呈祥雞煲火鍋：尖沙咀加拿芬道 16 號金輝大廈二樓

香港上海菜：
上海麵館與上海餐廳

　　我對於不同飲食的接受度很高，但想吃麵時，還是在香港被稱為「上海麵」或「北方麵」的白麵條，更合我的胃。那麼，在香港的「上海麵」究竟是什麼？由於香港氣候濕熱，本地麵食多以鹼水製成的「鹼水麵」或「乾製麵餅」為主。而北方移民將白麵條引入香港，與本地麵食形成鮮明對比。這些白麵條大多由上海移民經營的麵攤販售，為避免與本地粉麵混淆（更多粉麵介紹請參閱 Chapter2），自然而然地被稱為「北方麵」或「上海麵」。

到民豐買上海麵、餛飩、粉麵熟食與粢飯

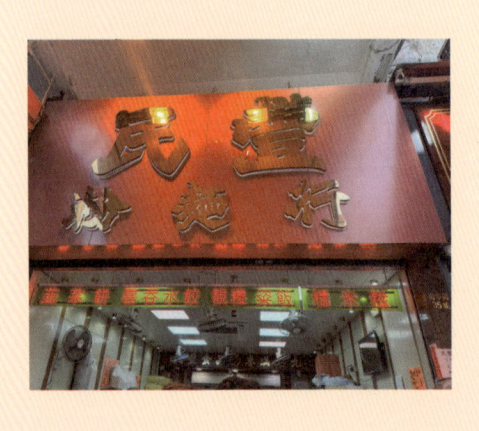

　　「民豐粉麵行」是一家由台灣人開設並由第三代接手的粉麵行，販售上海麵、米線、米粉，及廣東雞蛋麵、鹼水麵等品項，還有菜肉餛飩和熟食，例如煎韭菜盒、糯米滋、粢飯。「粢飯」這個用糯米

Chapter 4 視與聽・飲食與交流

包著油條、榨菜、肉鬆等餡料的食物，是來自台灣的我也熟悉的飯糰，它是由上海與江浙移民帶來香港的食物，在香港稱為「粢飯（粵拼：ci¹ faan⁶）」，由於擔心自己記不起廣東話讀音，於是改用台灣漢語諧音的「七反」來記。

民豐粉麵行的生意之好，他們招牌之一的糯米滋（麻糬）更推出了開心果餡，連平時工作日的上班時段都大排長龍。店內更分出幾條購買不同商品的人龍排隊。只要經過民豐粉麵行，我都會順道買一盒菜肉餛飩回家備著，然後再重新排隊買煎韭菜盒，若錯過韭菜盒，就改買粢飯或糯米滋，過過嘴癮。

▲民豐粉麵行販售各式新鮮粉麵之外，另有自製上海餛飩、湯圓，以及熟食的韭菜餅、粢飯及糯米滋（攝於荃灣／民豐粉麵行）。

上海麵店：香車街市天台那間江記

多年前，我曾在雜誌專欄中提及「江記上海麵店」。這間店隱身於香港荃灣香車街街市的天台熟食市場，在沒有冷氣的帆布篷下堅守五十餘載。經營者不僅做了兩代，就連顧客也光顧了兩代。它座落於街市（台灣稱菜市場）的頂樓，煮麵時冒出的白色蒸氣，被大型風扇吹散，但依然擋不住悶熱，這間麵館絕對不屬於當代定義的最佳用餐環境，但卻一年四季生意興隆，到場的都是為了品嚐他們的鳳爪餛飩麵，仍在夏天報到江記的人，必定是忠實顧客。

「江記」是一個家族經營的上海麵館，如果你和我一樣是常客，必定目睹過他們經營時的熱鬧場景：在大桌上，看到中式菜刀快速剁去鳳爪指尖，響起清脆的「噠噠噠……噠噠噠……」聲音；另一邊，憑記性落單的習慣，經常引發內部爭吵。當時的

▲上圖為江記開業至今仍保留招牌，使用香港的爆北魏體；下圖為剁去雞爪的甲尖，從數量就能知道生意有多好（攝自荃灣香車街／上海江記）。

Chapter 4 視與聽・飲食與交流

畫面與聲響，成了江記在我心裡的特殊記憶。「江記」以雙拼的鳳爪拼菜肉餛飩麵最爲馳名，但榨菜肉絲麵也頗具水準，若加上一勺桌上的辣醬更美味。江記的榨菜，切成細絲，嚐來脆嫩鹹香，搭配清炒的豬肉絲，綴以少許料酒增添風味深度，雖多了炒製榨菜肉絲的作業，卻是現成的袋裝榨菜絲無法比擬的味道。

由於江記店址位於街市天台，我私下稱它爲「天台麵」，每到夏天就抱著必定汗流浹背的準備前往，到此用餐不需高級餐廳的服裝規範。在週末時輕鬆前往，若遇見熟人，有時僅輕輕點頭示意，也未必會刻意坐在一起，哪裡有座位便各自搭檯（併桌），吃完各自離開，繼續下個行程。

▲淨餛飩、榨菜肉絲麵、鳳爪餛飩麵（攝自荃灣香車街／上海江記）。

台灣胃看香港餐桌

上海的「雪菜肉絲麵」與香港茶餐廳的「雪菜肉絲米」

上海的「雪菜肉絲麵」進入香港後，譜出了新的香港續集，不僅落腳於香港的上海麵館，更在香港的茶餐廳裡演變出本地化的新姿態——雪菜肉絲米。延續雪菜肉絲鹹鮮開胃的特色，廚師將清湯換成風味更豐厚的奶白雞湯或豬骨湯底，並將白麵條改為細米粉。能快速出餐的特性和親民的價格，讓雪菜肉絲米成為了茶餐廳裡的「常餐」固定班底之一，無形中融入了香港的日常生活。

走進香港的街市（台灣稱市場），能見到兩種不同色澤的雪菜，兩者皆使用雪裡蕻（皺葉芥菜）製作而成。色澤偏黃的雪菜發酵時間長，味道溫潤，而發酵時間短的翠綠色雪菜，則保留了雪裡蕻的微辛與爽脆。兩種雪菜各有擁護者，在市場專售醃漬菜與豆腐的攤位裡，任君選擇，不同雪菜的模樣請參閱本書 Chapter2。

▲左圖為上海麵店裡的雪菜麵；右圖為茶餐廳裡的雪菜肉絲米。

· 江記：荃灣曹公街 8 號 香車街街市 2 樓 4-5 號舖（港鐵屯馬線荃灣西站 A 出口步行十分鐘）

香港上海餐廳裡的川揚菜式

在香港,除了小型的上海家庭餐館與麵館,還有以餐廳形式經營的上海餐館。這些餐廳裡的菜色,不僅限於上海本幫菜,還常見到海派西餐、海派川菜、淮揚菜等多元風味。談及香港的上海菜前,不妨先談上海菜的特色為何,一提到上海,多數人會想到本幫菜的濃油赤醬與清鮮原味,例如蔥燵鯽魚、紅燒元蹄、百頁毛豆、清炒河蝦等,此外還有融合多元風味的海派菜,展現上海飲食的多元樣貌。

海派菜融合各地風味後重新演繹,可再細分為「海派西餐」與「海派川菜」。「海派西餐」包括融合俄羅斯風味的上海色拉(俄式馬鈴薯沙拉／薯仔沙律)與改良自奧地利炸牛排的上海炸豬排。若用香港的「豉油西餐」比喻,更能突顯海派菜的東西融合特性。至於「海派川菜」,則融合了川菜的辛辣與上海菜的溫潤,它將潑辣軟化為溫柔路線,更容易被人們接納而廣受歡迎。在上海,也因地緣關係及人口匯集,有不少的淮揚菜及川揚融合菜式,這些不同的飲食特色,皆隨著人口遷移與商業貿易一同來到香港。

上海菜到了香港後,又再次融入本地風味,形成獨特的香港版上海菜。例如,海派川菜裡的擔擔麵與酸辣湯,到了香港則有更豐富的配料及更豐厚的風味。而酸辣湯裡的胡椒辣味,到了香港

後則以辣豆瓣醬呈現。若用擬人化來形容，香港的上海菜就像混血後再混血的超級混血兒，經歷多次融合，最終成為了獨特的存在。這也是為何我選擇以香港的上海菜為主題，來談香港飲食的多元融合特質。

上海本幫菜與海派菜 ＋ 川菜 ＋ 淮揚菜 ➡ 香港的上海餐館

海派菜在香港的演進：上海豬排擔擔麵

擔擔麵屬於川菜，最早起源於四川自貢的街頭，是挑著扁擔沿街販售的小吃，因而得名。原版擔擔麵以花生醬、芝麻醬、絞肉碎、花生粉和紅油為主要特色，搭配細麵條，佐麵湯底表層浮著一層紅油，辣香撲鼻。

擔擔麵進入上海，在上海的川菜館裡販售，為迎合當地偏好，湯底變得更為甘潤，也稍減紅油比例並加上麵湯，發展出海派川菜特色。當上海版的擔擔麵來到香港後，也因撇油的香港飲湯習慣，大量減少表面厚重的紅油，改以更濃厚的高湯佐上更高比例的芝麻醬，甚至混合了花生醬，再次演化為深具香港特色的上海川味擔擔麵。

十九世紀開埠後，在上海西餐廳誕生的「上海炸豬排」堪稱海派西餐之一，將奧地利的炸牛排改為炸豬排，搭配薯條和辣醬油（香港稱喼汁，台灣稱伍斯特醬）食用。而上海飲食進入香港市場後，為了在競爭激烈的市場突破重圍，上海炸豬排誕生新組合：上海炸豬排結合川味擔擔麵。菜式的多次融合，逐步模糊了菜系的界限與特徵。

競爭越激烈的市場就越需要創新，創新的餐點組合不僅提升單品定價，還能帶來新鮮感，以吸引顧客。在香港，求生存是首要考量，因此香港的上海餐館融入多元菜式，就連香港的台灣餐廳也有不少在台灣沒有的創新搭配。當然，創新仍需尊重脈絡，例如特定宗教飲食即使創新也會避開食材禁忌，得以平衡創意與文化才更顯巧妙。

歷史脈絡與正統性對於大多數人而言，或許興趣不大，有餘力談文化的，往往是擁有資源經營文化資產的人。真正能打動消費者的，永遠是生活上的滿足，紙上談兵始終追不上商業訊息的傳遞速度。不過，帶著理想進入餐飲業，幾經波折後才明白，理想與生存仍需拿捏，或許慢，但還有許多人繼續堅持著。

——擔擔麵的三種樣態——

四川擔擔麵	香港上海餐館擔擔麵	台灣版本擔擔麵
四川擔擔麵有著肉末與厚重的辣紅油、花生碎與少許芝麻醬,是偏濕潤且重油的拌麵	香港上海餐館裡的擔擔麵,減少紅油,但有更多比例的花生芝麻醬,湯也更多	台灣版本的擔擔麵降低紅油辣度,加上花生碎、花椒粉與芝麻醬,攪拌後像乾拌麵

港台兩地的酸辣湯風味特徵差異:胡椒與辣豆瓣醬

　　我在前作《四季裡的港式湯水圖鑑》中談過羅宋湯的港台風格,香港羅宋湯風味厚重,保留甜菜根元素,並加入黃檸檬與少許辣椒或辣豆瓣醬,與清爽的台式羅宋湯形成對比。

　　酸辣湯也是類似的例子,在港台兩地分別展現不同特質:香港版的酸辣湯以辣椒豆瓣醬增添辣味,而台灣版則使用胡椒粉。即便是風味不同的酸辣湯,但在港台兩地都稱為「酸辣湯」,為了更清晰地表達兩地的風味差異,接下來我會在名稱前加上「香港」和「台灣」以區分兩地的風味特徵。

Chapter 4 視與聽・飲食與交流

　　台灣酸辣湯講究食材粗細長短盡量一致的前製處理，食材以細絲木耳、豆腐、筍、紅蘿蔔、香菇和肉絲為主，用太白粉水勾芡，使湯濃稠如羹，酸味來自糯米白醋，辣味則源於白胡椒粉，以及少量醬油增添湯色，最後點上幾滴芝麻油添香。風味柔和且內斂不張揚，恰如台灣族群的性格。

　　香港酸辣湯則延續了海派川菜的風格，酸味更濃，為求效率，豆腐、冬菇、紅蘿蔔與豬肉絲多為粗絲，並且額外加入蝦仁。因為香港本地很少吃竹筍，有些店家直接不加筍。主要以鎮江醋調酸，辣味則來自鹹中帶的鮮紅辣豆瓣醬，酸與辣鮮明外放，正如香港本地性格。

▲香港版本酸辣湯，辣度來自辣豆瓣醬；右圖為台灣版本酸辣湯，辣度來自胡椒。

荃灣有間名為「上海美味一品香」的小店，採家庭式經營，主要供應融合上海家庭式的菜色，整體或許不及正式餐廳那般精緻，但總有幾個食物能抓住不同顧客的喜好，例如我個人喜歡他們的厚皮煎餃、甜甜的豆沙鍋餅，以及酸辣湯。此店的酸辣湯不同於高價餐館以小瓷盅供應的方式，即使只點小份，端上桌的也有一個碗公那麼大，兩人共享都足夠。一份酸辣湯配上小籠包或煎餃，就是簡單的一餐了。

▲簡單但滿足的一餐：酸辣湯、煎餃子、小籠包（攝於荃灣／上海一品香）。

▲香港上海餐館裡的淮陽菜,左圖為香港嫩雞煨麵;右圖為水晶肴肉。

從江南到香江,淮揚風味的流轉:香港上海餐館裡的淮揚菜

淮揚飲食裡的淮揚大煮乾絲、煨麵及肴肉也跟著上海菜一同進入香港,並融入當地特色。以金華火腿和雞熬製的雞湯煮成淮揚大煮乾絲,曾是香港老上海餐館與淮揚餐廳的經典菜,隨著老店結業或搬遷,已漸漸消失。

「雞絲煨麵」與「黃魚煨麵」在港台兩地均有所發展。黃魚煨麵以雅緻淡然的鮮魚清湯為特色,卻與香港偏好的濃郁奶白魚湯風味不符[註],然而湯底改良為奶白魚湯後,反而使追求正宗的顧客失望,

兩面不討好，最終只得漸漸淡出。相較之下，將雞湯轉為濃白雞湯的「嫩雞煨麵」在香港大受歡迎：將雞絲換成更滑嫩的雞腿粒，既保留江南風味，更結合香港喜好，昇華為更美味的版本。

「肴肉」也是香港上海餐廳常見的淮揚菜，琥珀色膠質凍內有豬蹄肉，切成方塊後上桌，咀嚼時酒香四溢，黃酒與糟滷的鹹香在口中化開，讓人回味無窮。若想嘗試香港版肴肉，可以去連鎖的上海餐廳，上海小店或麵館則不供應喔。

上海家庭式餐館
- 上海美味一品香菜館：荃灣享和街43-59號都城大樓地舖（港鐵屯馬線，荃灣西站A出口，步行約十分鐘）

上海宴席式餐館
- 滬江飯店：九龍油尖旺區彌敦街27-33號（港鐵尖沙咀/尖東站H出口步行一分鐘）
- 香港老飯店：中環干諾道中88號南豐大廈地庫（港鐵上環站E3出口步行）
- 霞飛飛（前身為霞飛會館）滬江飯店：中環皇后大道中33號萬邦行二樓211號舖（港鐵中環站C出口步行）

註及延伸閱讀：
台灣魚湯淡雅清澈，香港魚湯則奶白味濃。更多魚湯的介紹詳見《四季裡的港式湯水圖鑑》2022年幸福文化出版，包周著。

Chapter 4 視與聽・飲食與交流

香港的潮州飲食店

　　潮汕移民的飲食，因為商業演進與在地化調整後，加入沙茶與冬菜的蹤跡後，更悄然影響了台灣餐桌上的味道，成為多元融合的飲食樣態。如今人在香港生活的我，每當想念台灣料理時，除了前往台灣人開的餐廳之外，有時也能在潮州粉麵、潮州打冷、潮汕酒家或宴席餐廳裡，找到與台灣風味一拍即合的熟悉味道。

▲左圖為豬雜湯；右圖為香港超市裡販售的豬舌與豬天梯。

潮州粉麵店：豬雜湯與粉麵

　　台灣常用「客家人」來比喻勤儉，而在香港則以「潮州人」形容這種特質。因愛惜食材，就連豬雜也能成為美味佳餚。例如在潮州粉麵店裡，我常發現熟悉的風味元素：芹菜末、蔥花、香菜、炸蒜、冬菜碎等，搭配清湯或鹹香白胡椒湯，再加入台灣說的豬

下水（香港稱豬雜），就是一碗讓人滿足的湯品。豬雜湯通常集結多種部位與內臟供顧客選擇，例如蝴蝶腩（台灣稱肝連）與幾款其他部位的豬內臟，配上辛辣暖胃的胡椒湯底，每次喝這碗湯總能拯救我的思鄉胃。

──豬雜／豬下水港台名稱對照──

台灣漢語	香港廣東話	備註
肝連（豬）	蝴蝶腩（豬）	橫膈肌
豬肝	豬膶	
豬肺	豬肺	
腰尺	廣東話：豬橫脷 潮州話：豬尺	豬脾
腰子	豬腰	豬腎
豬肚	豬肚	豬胃
豬大腸	大腸	
大腸頭	大腸頭	
豬小腸	豬腸	
脆管	豬黃喉	動脈血管
腸	生腸	輸卵管
粉腸	粉腸	十二指腸
豬舌	豬脷	豬舌
天梯	豬天梯	上顎軟骨

Chapter 4 視與聽・飲食與交流

香港潮州粉麵店裡的順德食物：魚皮餃

在香港的潮州粉麵行裡，配料常混搭潮州與廣東的飲食元素，例如來自廣東順德的「魚皮餃」。魚皮餃如其名，外皮滑溜，傳統做法是以菜刀將魚肉刮下，並與生粉（台灣稱太白粉）、麵粉及蛋白混合成團，擀成薄片後包入豬肉餡。魚皮餃也是台灣人熟悉的食物之一，只是名稱不同，在台灣稱為「魚餃」，通常是當成火鍋料供應，而在香港潮汕粉麵行裡，除了作為火鍋料，也會搭配粉麵吃。

▲香港潮州粉麵店的魚皮餃、湯河粉及冬菜。

- 潮州人粉麵店：西環西營盤正街 6-14 號正豐大廈地下 2 號舖（港鐵西營盤站 B1 出口，步行約四分鐘）
- 信得過：灣仔謝斐道 307-311 號快添大廈地下 A 號舖（港鐵銅鑼灣站 C 出口，步行七分鐘）
- 元朗合隆潮州粉麵：灣仔德仁街 3 號地下 A 號舖（港鐵銅鑼灣站 A 出口，步行約九分鐘）

潮州打冷？香港的潮汕式消夜

在香港的潮州飲食中，最熱鬧的場所莫過於「打冷」。關於「打冷」名稱的由來，有趣的說法不少。一說是因潮州菜多以冷盤熟食為主，顧客習慣在店前「打個 round」，意指「打個轉兒（兜個圈兒），看看有什麼好吃的」，廣東話諧音便成了「打冷」。另一說，則可能是源自潮州話「擔子籠」的發音，指早年潮州小販挑著竹籠販賣滷水、醃物等熟食，而香港人不熟悉潮州話，便以廣東話的同音字稱之。

無論真正的答案如何，都不影響我在香港對於潮州飲食的喜愛。潮州飲食料理風味類型多，有以滷水佐味的濃厚風格，也有用鹽提鮮的原味路線，與風味豐厚的粵菜式大排檔相比，潮州打冷的風味與食材複雜度或許不及粵菜豪華，卻將再平凡不過的食材巧

Chapter 4 視與聽・飲食與交流

妙地變為桌上珍饈，重點是，口味上與我個人的飲食偏好很合。而且潮州打冷的熱鬧氣氛，與香港大排檔、台灣熱炒店相似，十分適合與親近的朋友一同前往共享。

菜名有飯卻沒有米──魚飯

打冷必點是「魚飯」，名字帶「飯」卻不含米，原先是潮州水上人家的食物，是用鹽水煮熟魚、蝦或貝，放涼後充當主食，因此得名「魚飯」。用鹽水將魚蝦貝煮熟後攤凍（台灣稱放涼），再以常溫供應，故在香港俗稱為「凍魚」，魚販價格親民，論斤兩計價；但是潮州餐廳裡的凍蟹多採海鮮價，話你知，記得先問當日售價，免得結帳時被金額嚇到了。

搭配魚飯的沾醬也不馬虎，與魚飯固定搭配的是鹹中帶甘的普寧豆醬，夾起

▶魚飯的魚種在香港常見的有：大眼雞剝皮魚，馬友、黃花、烏頭魚，並沾取普寧豆醬食用。

345

魚肉，輕輕點（台灣稱沾）上鹹中帶甘的豆醬，鹹與鮮的組合實在美味。我常點的大眼雞魚，肉厚骨少，幾乎無細刺，是厭惡挑刺者的福音；有時也吃烏頭魚（台灣稱烏魚），肉厚味鮮。

話你知

海鮮價〔粵拼：Hoi Sin Gaa〕

海鮮價原指海鮮價格浮動，也常用來揶揄任何缺乏固定定價的商品或服務。海鮮價就像台灣海鮮餐廳裡寫的的「時價」，記得先問過店家價錢再點。

▲除了凍魚，也有凍蟹。

蠔烙面面觀

　　潮州打冷中，有一道使用小型牡蠣製作的煎餅，稱為「蠔烙」，在香港則多稱為「蠔餅」或「蠔仔餅」。在香港街市裡賣的蠔（牡蠣）尺寸通常比較大，小型牡蠣則稱為「蠔仔話你知」。在台灣也有一道相似的小吃，叫作「蚵仔煎」，同樣使用尺寸較小的蚵仔，加入太白粉水煎成黏稠狀，外觀半透明，搭配雞蛋和切段的青菜，淋上粉色甜醬；潮州蠔餅則以蛋液混少許麵粉水，加入蠔仔、白胡椒和鹽調味，煎至雙面金黃，內層是軟綿口感。打冷的蠔餅，各店做法略有不同：慢煎、油炸、半煎炸，每種成品做出來的厚薄不一；也有人使用純蛋液，或混合少許粉水，各有風味，食用時沾上魚露。

　　讓我印象最深的蠔餅，是與同事在西環平價打冷店「金興潮州飯店」嚐的，粉漿內混入了韭菜末，搭配蠔餅的絕配沾醬——潮州魚露，吃來鹹鮮帶香，風味十足。

▲潮州魚露也稱「臊湯」，臊的潮州話讀音為 co¹，發音近似「初」的台灣台語拼音：tshoo，以及「初」的粵拼 co¹。

台灣胃看香港餐桌

──香港各家潮州餐廳的不同蠔餅風格──

潮薈館	潮樂園	金興潮州飯店

陳儀興	生昌

仔〔粵拼：zai²〕

話你知

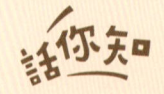

仔這個字在廣東話裡既有趣又萬用，可形容尺寸小，如碗仔（小碗）、蠔仔（小牡蠣），也能表達親近，如同學仔、朋友仔、老公仔、老婆仔。長輩禮貌稱呼陌生年輕男性為靚仔、哥哥仔，甚至用於特定角色，如打工仔（上班族）、擦鞋仔（拍馬屁者）。

兩種風格的潮州滷水

在粵菜系中，滷水料理分為兩種：一是不會改變食材色澤的「白滷水」，另一種是以滷汁將食材滷至入味變褐色的「豉油滷水」。潮州滷水屬於後者，除了中式辛香料外，風味裡還多了南薑（台灣稱山奈），不同於台式滷水的紅亮色澤，潮州滷水的色澤呈深棕的醬色，且香料風味足，主要製作滷豬與鵝，從豬頭、豬耳到

大腸，從鵝身嚐到鵝掌都能滷。聽到鵝掌，或許會讓人驚呼：「啊！有蹼！」別擔心，滷得入味的鵝掌滿是滷水香，膠質微微黏唇，入口即化。若不考慮預算，推薦薄片切製的鵝片（鵝胸切片），價格稍高但風味極佳。也可選擇拼盤，一次品嚐多種風味。其實，墊在滷水盤底的滷水豆腐更美味，吸滿滷汁與脂香，名為墊底食材，實為盤中壓箱寶。

—— 潮州滷水小圖鑑 ——

鵝三寶：鵝肉、鵝肝、鵝腸（攝於陳儀興尚潮樓）

滷水拼盤（攝於潮樂園）

滷水鵝片（攝於金興潮州打冷）

滷鵝掌（攝於生昌）

香酥煎牙帶

　　牙帶魚在台灣稱白帶魚，肉質細緻但多刺，只要掌握去骨技巧，便能大口吃肉。我不僅樂意幫你去骨，甚至願意順便幫忙吃！煎牙帶魚簡單至極，略施細鹽靜置，按乾表面水分後，以熱油煎至香酥，在家也能輕鬆完成。

　　每當在菜單上見到牙帶魚，我總忍不住點來吃。例如韓國的辣燉白帶魚（갈치조림）與乾煎白帶魚（갈치구이），在中國浙江舟山也吃過清蒸與乾煎版本，在香港時也會在潮州打冷吃煎牙帶。有一天朋友好奇地問我：「妳喜歡牙帶魚？」我一時語塞。

　　直到某個週末逛香港街市，見到牙帶魚便立刻買下，並隨口說起：「我來做看看阿嬤（祖母）常做的香煎白帶魚。」啊！當下我才驚覺，我喜愛的不是牙帶魚，而是祖母和父親教我如何避開

魚刺享受白帶魚的記憶。如今，他們都在天上了，不知是否仍在秋冬時節還吃白帶魚呢？

某日，我在狹小的香港住家，復刻了祖母的香煎鹽漬白帶魚，但久久不散的煎魚油煙味，讓我有了更好的理由前往潮州打冷吃牙帶魚。我雖非潮州人，卻讓潮州打冷裡的煎牙帶，治癒了胃與心的鄉愁。

潮州的白糜與蜆肉炒韭菜花

潮州的「白糜」在香港被稱為「潮州白粥」，以此和香港的粥做區分，潮州白粥質地與台灣的白稀飯相似，米粒稍煮至微爆，

▲左圖為潮州白粥，質地接近台灣白粥；右圖為蜆肉韭菜花。

濃稠質地但仍有流動性。在台灣台語中，稀飯也讀作「糜」。人在他鄉，如果想吃粥但找不到台灣餐廳的話，我便會去潮州打冷或餐廳點一碗白粥，搭幾道熱炒菜，再來盤蒜末炒番薯葉，不僅契合潮州「夜粥」精神，也勾起我在台灣吃清粥小菜的記憶。

有回我與同事 Hung、Jennfier 及英姐，在西環的金興潮州飯店吃了白粥的好伴侶——蜆肉炒韭菜花，去殼蜆肉配上切粒的韭菜花一起炒，風味鹹香，一口蜆肉韭菜，餪一口白粥，不知不覺便多吃了兩碗白粥。在潮汕，當地人會用黑色的陳年菜脯來配粥，或將陳年菜脯（老菜脯）切成細末與米煮成粥底，老菜脯也是台灣人熟悉的風味，常用於製作台式燉湯。我過去在台灣吃清粥小菜食糜（台拼：tsiabê）當宵夜，如今在香港，則是潮州打冷食糜（潮拼：ziah⁸ muê⁵）。

◀蠔仔肉碎粥的質地像鹹稀飯，更接近於湯飯。

Chapter 4 視與聽・飲食與交流

潮汕水上人家的海鮮鹹粥

　　除了潮州白糜，我還會在潮州餐廳裡點「蠔仔肉碎鹹粥」，這道鹹粥裡有炒香的豬絞肉、乾香菇絲、增香用的蝦米，以及味道與扁魚有點相似的方魚乾，還有台灣也有的潮汕冬菜、豐富的新鮮海產，例如蝦仁、切碎魷魚。調味料則是大量白胡椒、芹菜末、蔥花、香菜末。這樣的風味組合公式加上鹹粥米粒的質地，對台灣人的胃來說，是不是就像台灣海產店的快煮海產鹹稀飯那般熟悉呢？

邊度食

- 潮樂園：北角和富道 96 號
- 潮薈館：九龍城福佬村道 62-64 號 福聯大樓地下 B 號舖（港鐵宋皇臺站）
- 陳儀興尚潮樓：旺角太子道西 177-179 號地下及一樓（港鐵太子站）
- 金興潮州飯店 - 潮州打冷：西環皇后大道西 406-408
- 生昌潮州海鮮餐廳：大圍下徑口村 151 號地舖（港鐵顯徑站 A 出口步行）

台灣胃看香港餐桌

聽日紅日？香港節慶與飲食

在香港，上班族主要按照行事曆上的「紅日」來放假，紅日就是行事曆上以紅字標註的節慶與公眾假期。若要表達明天是公眾假期，以廣東話的口語來說，就會說：「聽日紅日」，類似台灣的「見紅就休」。

廣東話	琴日 [kam⁴ yat⁶]	今日 [gam¹ yat⁶]	聽日 [ting¹ yat⁶]	不日 * [bat¹ yat⁶]	是日 * [si⁶ yat⁶]
台灣台語	昨昏 [tsa-hng]	今仔日 [kin-á-jit]	明仔載 [bîn-á-tsài]	另日 [līng-jit]	這日 [tsit-jit]
漢語	昨天	今天	明天	過幾天	此日、這天
英語	yesterday	today	tomorrow	in a few days	This Day

註：較少在香港日常的對話裡聽見「不日」與「是日」。

Chapter 4 視與聽‧飲食與交流

香港的節日與公眾假期

在香港，四月有耶穌受難節、翌日、復活節及清明；五月有勞動節和佛誕節；六月端午節；七月有特區成立紀念日。香港的父親節是六月第三週日，在台灣則是八月八日。在台灣的中秋節當天會放假，香港則放「中秋翌日」。十月有國慶和重陽，十一月無假期。十二月則有冬至、聖誕節連假、跨年，與農曆新年假期。

值得一提的是，香港「冬至」不輸除夕的重要程度，香港冬至的當天若遇工作日，會提早下班時間「做冬」，重要程度堪比除夕團年飯（台灣稱年夜飯）。依稀記得兒時的台灣冬至也曾有過冬至圍爐的習慣，但已隨著前人一同消逝，如今台灣的冬至更像湯圓節，輕鬆愉快地以甜湯來過節。在香港的農曆新年，上班族在除夕當天仍需上班，萬幸的是各家公司也會提早下班，所以香港的上班族或雙薪家庭的年夜飯，大多會訂購年菜，或直接前往餐廳聚餐。

圍村飲食變身成餐飲商品──圍村盆菜

香港年節食品除了蘿蔔糕與年糕，還有一款並非家家戶戶吃的「盆菜」。昔日它是香港客家圍村人的節慶菜，卻因餐飲業推動商品化而躍入大眾市場，並列入香港非物質文化遺產，讓盆菜增

添光環,從村民共享的大鐵盆縮小為家庭版商品。其商業運作模式與因為食材衿貴而變動的售價,可與台灣年菜商品「佛跳牆」類比。

盆菜裡有許多食材,多樣食材依序分層堆疊於同一廣口盆內,從盆面吃到盆底,層層不同料。例如,最表層有蝦、白切雞、燒鴨、瑤柱、鮑魚、九孔、干貝、冬菇;往下則是蓮藕、豬腳、炸芋頭塊、腐竹。每挖一層,便有新驚喜,例如乾魷魚、蠔乾、木耳、魚,最後是大家最期待的底層──透軟且充分吸收食材風味的炸豬皮與白蘿蔔,就像參與聚會到最後的獎賞。

▲裝在金屬大盆裡的「圍村盆菜」,是將食材各自烹熟後分層排放,並加入高湯,用卡式爐加熱即可食用。

Chapter 4 視與聽・飲食與交流

發紅包了！在香港廣發的新年紅包——派利是與逗利是

在香港，紅包稱爲「利市」，源自財神「利市仙官」，也被寫作「利是」。發紅包稱爲「派利市（粵拼：paai3 lei6 si5）」；港台兩地發紅包的習俗不同。台灣爲「發給特定對象且金額高」，香港則偏向「廣發但金額較少」，取個好意頭（好兆頭）。

香港「派利市」對象廣，已婚者包給未婚親戚、同事、後輩。若樂當財神，還可見人就「派」，如餐廳侍應、大樓管理員、計程車司機等。雖是廣發，金額隨心意，最低 20～50 港幣起跳，常見到百元，可依財力增加金額，重點是誠意。爲方便攜帶，市面上有小尺寸「利市封」（台灣稱紅包袋），可折紙鈔。而台灣習慣是避免折鈔，因此紅包袋尺寸較受限制。

相較之下，台灣發紅包數量較少，金額多爲雙數，象徵好事成雙，例如 200、600、800、1200、1600……，數字無上限，視個人財力而定。過年時，台灣紅包主要發給家庭成員，雖然開工後老闆和主管有時也會包給同事，但已婚同事不需要包給未婚同事。而進入職場後，多數人會開始給父母紅包以感謝養育之恩，不過「反向紅包」在香港較少見。

既然有派利市,就有「逗利市(粵拼:dau⁶ lei⁶ si⁵)」也就是台灣說的「討紅包」。「逗」出自於《唐韻》注:「逗,持物相著也!」是指他人將東西放到自己手裡,「逗利市」在香港有時會俗寫為「逗利是」或「鬥利市」。在香港逗利市(討紅包)時,總會不停說出大量的吉祥話直到詞窮為止,例如「恭喜發財、萬事如意、身體健康、工作順利、大吉大利⋯⋯」為增添樂趣,絞盡腦汁說出最長的祝福,能說多長呢?全憑個人發揮。

新年油器——油炸傳統點心

在香港，若到長輩家拜年，常會見到用來招待客人裝滿傳統點心的新年糕點盒，稱爲「全盒」，以單數區分爲，有三格、五格、九格的形式，並寫作「攢盒」。全盒內的零食豐富多樣，包含蜜冬瓜、蜜蓮藕、傳統油器以及堅果等。

「油器」是指各種將麵團油炸的零嘴點心，接下來介紹幾個經典款。「中果」與台灣的寸棗十分相似，是將糯米糰製成條狀後油炸至金黃，再與糖漿一同翻炒掛霜。「笑口棗」是用麵粉、雞蛋與發粉製成的小圓麵團，表面裹上芝麻，油炸後裂開如笑口，因而得名「笑口棗」，在台灣也有類似的點心，稱爲「開口笑」。

台灣胃看香港餐桌

▲左圖為糖環模與糖環，右圖為油角、牛耳、中果、笑口棗。

「牛耳」與台灣的貓耳朵相似，但尺寸更大、更薄，橢圓薄片中有褐色漩渦，是用南乳與五香粉製成的棕色麵團，將雙色麵團捲成長條卷狀，冷藏定型後切片油炸，口感酥脆可口。「油角」即是形似餃子的油炸點心，內有鹹或堅果餡，老一輩廣東人會說：「今年吃油角，來年露頭角。」東方人總用食物表達關心與祝福。「糖環」是以銅模具在麵糊中沾取後油炸至金黃，塑形成花形的薄脆點心。乍看與北歐的 Rosettes 相似，不過麵糊比例與風味有些許分別，在香港還有加入椰漿的版本。

身為外地人，比較讓我感到新奇的是「芋蝦」。芋蝦不是蝦，是油炸芋頭絲，塑型集結成簇狀，油炸至淺紅棕色後，外形似蝦而得名，後來隨著商業發展，在包裝袋裡易碎的酥脆芋蝦變化為更具喜慶感的空心繡球狀。與芋蝦初見時，我抱著「不如試一下」的心情買來嘗試，沒想到一試便「中」，我對油炸食品情有獨鍾，這點從日漸豐滿的身形便知。

Chapter 4 視與聽・飲食與交流

▲傳統做法是將芋絲簇集後油炸,形似蝦而得名「芋蝦」。

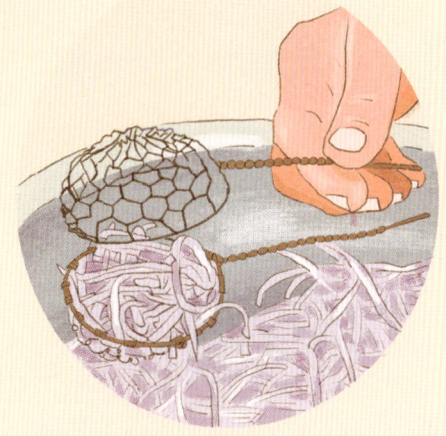

▲繡球狀的芋蝦,更具喜氣。

▲新式芋蝦改為球狀,裝袋不易碎。

芋蝦做法不難，但油炸食物後要清理廚房的麻煩讓人卻步。講究的傳統芋蝦會選用荔浦芋，水分少、纖維細、顏色淺，油炸後更鬆化酥脆，荔浦芋的品種與台灣的大甲芋頭同屬檳榔心芋。製作時，需將芋頭切細絲，加鹽和五香粉拌勻，靜置片刻讓芋絲軟化，撒上少量糯米粉，輕薄裹勻，稍靜置使其反潮，接著塑型，輕輕捏成簇狀或繡球狀，芋絲之間需保有空隙，避免太緊實，成品才能乾爽酥脆。塑型入鍋油炸後瀝乾放涼，即成為年節美味零食。

▲球狀芋蝦在裝袋販售時比較容易保持完整性，成品尺寸約為兵乓球大小。

經過那麼多繁瑣步驟後，最終只能完成一點點，因此往後，我更心甘情願地在店內購買市售品。不同店家的芋蝦各有千秋且粗細有別，我喜歡八珍醬園的芋蝦，因為芋絲呈寬扁麵且更薄脆、嘴巴勞動少（易咀嚼），已經成為我在香港過年時的零食之一，聽說能買到芋蝦的地方越來越少了，不曉得現今的年輕人們還吃芋蝦嗎？

邊度食
- 香港八珍醬園（旺角店）：花園街136A號
（我喜歡的芋蝦與蘿蔔糕品牌，但僅在農曆新年前夕販售）

冬季的日曬半乾金蠔

入冬之後,香港海味行裡有款冬季限定的珍品——半乾金蠔。大顆且飽滿的淡金色金蠔,在冬日陽光下曝曬短短數日,保有更多的水分與柔軟的口感,與完全乾製的蠔豉(台灣稱蚵乾)不同,蠔豉味道濃烈,即使是牡蠣愛好者也未必都能接受。而介於新鮮與乾製之間的半乾金蠔,鮮味稍加濃縮,卻仍稍保有牡蠣細膩柔韌的質地,喜愛牡蠣的人必不能錯過。

台灣胃看香港餐桌

―― 新鮮至不同乾燥的程度，蠔風味由淡轉濃 ――

生蠔 	金蠔 	蠔豉 

　　煎金蠔是我認識的香港農人朋友每年年夜飯的必備菜色，連續幾年吃著他們家的美味煎金蠔，我總樂得不得了。某年，我至市場辦年貨時，順道想嘗試煎金蠔，這才發現金蠔區分成不同等級。看著不同金蠔的大小、飽滿度、風乾度、光澤以及售價上的差異，這才驚覺朋友如此慷慨地招待自己，香港有句話說「買米不知道米貴」，台灣台語也有「呷米嘸知米價」之說，眞是貼切。

▲ 左圖爲日曬中的金蠔，右圖爲不同風乾程度及尺寸的金蠔。

Chapter 4 視與聽・飲食與交流

　　按能力購入金蠔後,我迫不及待地立刻製作成料理。將金蠔稍稍沖洗後鋪上薑片,噴點黃酒,入鍋蒸熟。蒸出來的汁液可捨棄,待蒸好的金蠔降溫風乾,裙帶會更有彈性。用廚房紙巾拭乾表面水分後,在鍋中加入少許油,細火慢煎至雙面金黃,接著加入一小塊牛油(台灣稱奶油)至融化,再添點生抽、砂糖或蜜糖,搖鍋使醬汁均勻包覆金蠔,起鍋後,撒點蔥花、芝麻,或刨些黃檸檬皮增香,即是人間美味。

　　在本書結尾,想談談從不缺席的最佳用餐夥伴——我的先生。我們總在走訪他鄉時,一起鼓起勇氣品嚐謎一般的陌生食物;也在尋常日子裡找簡單樸實的日常美食;在重要的日子,盛裝前往講究氛圍的餐廳。該節省時儉、該享受時好好體驗。柴米油鹽的生活雖不如小說般夢幻,但幸好有食物構築我們之間共同的回憶,或許婚後失控的體重,他算是幫兇喔,呵!

APPENDIX

附錄

台港英飲食名稱對照

―― 溫度及食物儲藏用詞 ――

台灣用詞	香港廣東話用詞	英語	備註
冰箱	雪櫃	Refrigerator	
冷凍庫	冰格／雪格	Freezer	
冷藏	冷凍	Refrigerated Storage	0～4℃或4℃以下，但不低於結冰點
冷凍、結冰	雪藏	Freezing	-18～-23℃
急速冷凍、急凍	急凍	Individual Quick Freezing（IQF）	
冷飲	凍飲、冷凍飲料	Iced Drink	冰凍的飲品，或有冰塊的飲品

―― 牛脂與牛乳用詞 ――

範圍部位	台灣用詞	香港廣東話用詞	英語	備註
牛油脂	牛肥肉／牛板油	牛肥膏	Beef Raw Fat	牛肉組織內的脂肪
	牛油	牛脂	Beef Tallow	已煉出的牛脂肪
	奶油	牛油	Butter	乳品內提取的脂肪
牛乳製品	牛奶、牛乳 脫脂牛奶	牛奶	Skimmed Milk Condensed Milk	
	煉乳	煉奶	Condensed Milk	
	奶水	花奶／淡奶	Evaporated Milk	

註：在港台，「牛油」分別指不同食材。

附錄：台港英飲食名稱對照

牛肉部位用詞

範圍部位	台灣用詞	香港廣東話用詞	英語	備註
牛面頰 Cheek	牛頰、嘴邊肉（台灣台語）	口語：面珠墩 書面語：牛面頰	Beef Cheek	富含膠質，適合長時間燉煮或紅燒
牛肩 Chuck	牛頸肉 羽下肉（日漢字） 上腦邊	牛頸脊（香港） 牛朴肉（潮州）	Chuck Flap Tail	位於牛頸及肩胛之間，是吃火鍋與燒肉的熱門部位
	平鐵 菲特	平鐵（日漢字） 脖仁（潮州）	Flat Iron	
	板腱、嫩肩里肌、嫩肩牛排 俗稱：牛牡蠣肉	板腱、匙柄（潮州）	Oyster Blade	中心有一條白色的筋膜，無論是做成火鍋肉片或牛排都容易辨識
牛胸 Brisket	白腩	爽腩	Navel End Brisket	既薄又帶口感的筋膜，香港稱爽脆為「爽」，故稱爽腩
	牛腩、無骨牛肋條	坑腩、牛坑爪	Boneless Short Ribs / Finger Meat	牛肋骨的牛腩，也稱為牛肋條，取出肋骨後有坑洞，故稱坑腩
牛胸腹 Plank	內裙邊、橫膈膜	封門柳	Beef Inside Skirt	
	橫膈肌	封門柳	Hanger	
	牛五花、牛胸腹	肥牛	Plate	
牛腹脅 Flank	牛腹脅、腹脅肉、腹脅牛排、法蘭克牛排	腩底、牛腩底	Beef Flank	腹脊牛腩尾下方，是肉質偏瘦且扁平的部位，也稱牛腹脊肉，可炒肉片及做腹脊牛排，燉牛腩湯
牛腰內肉 Tenderrloin	法式菲力、菲力牛排、牛小里肌	免翁牛柳 菲力牛柳	Tenderloin, Filet Mignon	Tenderloin 是整條腰內肉，肉質柔嫩，最尖端部位則是更細嫩的 Filet Mignon
	沙朗	西冷	Sirloin	
牛橫隔膜 Diaphragm	厚裙、肝連	封門柳	Thick Skirt（UK,AU） Hanging Tender（UK,AU,US）	可燉煮、製作成火鍋肉片及牛排
	牛外裙邊、薄裙	崩沙腩、外裙邊	Outside Skirt	靠近橫膈膜部位，同時帶有白色筋膜的口感與牛脂肪的滑，也稱為外裙肉
	白腩	爽腩、蝴蝶腩		靠近牛胸腹，有薄且帶口感的筋膜，香港稱爽脆為「爽」，故稱爽腩
	牛內裙邊	內裙邊	Inside Skirt	

369

台灣胃看香港餐桌

牛腱 Shank	牛腱	牛脹 （俗寫牛展）	Beef Shank	台規肉品分割方式與香港不同，香港將牛腱細分為A至F部位。此外，牛肉部位除了香港用語，也因潮汕牛肉鍋的牛肉部位而有區別，會輪用潮汕牛肉部位用語
	牛腱A： 後腿腱、三花腱 後腿的後肌腱	金錢脹（後腿）、 花脹、三花趾	Hind Shank/ Inner Fore Shank	
	牛腱B： 腱子心、牛腱心 後腿腱心	牛脹心	Beef Shank Heel Muscle	
	牛腱C： 牛花腱、五花腱 前腿前肌腱	金錢脹（前腿）、 五花趾、花腱	Fore Shank/ Inner Hind Shank	
	牛腱D： 腱子心、牛腱心 前腿腱心	牛脹心	Beef Shank Heel Muscle	
	牛腱E： 梅花腱、側腱	梅花脹	Fore Shank	
	牛腱F： 梅花腱、小花腱			
其他	牛筋	牛筋	Tendon	
牛內臟	牛舌	牛脷	Beef Tongue	
	毛肚、牛百葉	牛柏葉	Tripe	重瓣胃
	蜂巢牛肚	金錢肚	Honeycomb Tripe	蜂巢胃
	牛脾	牛膀	Spleen	脾臟

註：港台兩地的肉品分割方式有些許差異，故名稱不同。

附錄：台港英飲食名稱對照

──豬肉部位用詞──

範圍部位	台灣用詞	香港廣東話用詞	英語	備註
豬皮與豬脂	炸豬皮／磅皮（台灣台語）	炸豬皮	Pork Rinds	炸得酥脆的豬皮，僅有豬皮
	豬油渣	豬油渣／油渣	Pork Cracklings	帶豬油的炸豬皮，是提煉豬油的副產物
	豬油	豬油	Lard	豬脂提煉出的油
	豬肥肉／豬板油	豬肥膏	Pork Fat	豬皮之下的脂肪
內臟（香港稱豬雜；台灣稱豬下水）	豬肝	豬潤／豬膶	Pork Liver	豬肝，發音「乾」的寓意不佳，故雅稱爲「潤」，正字則爲「膶」
	脆管	在中國大陸稱爲黃喉		動脈血管
	脆腸／生腸	脆腸／生腸		
	豬腰／腰子	豬腎	Pork Kidney	
	腰尺／豬脾	豬脾（書面語）豬橫脷（口語）豬尺（潮汕）	Pork Spleen	豬脾長條如舌，廣東話稱舌爲「脷」，故稱「豬橫脷」
	豬大腸	豬大腸	Pork Large Intestine	豬直腸／肛門內括約肌
	大腸頭	大腸頭	Pork Rectum	肛門括約肌
	豬小腸	豬小腸	Pork Small Intestine	
		粉腸	Pork Duodenum	十二指腸
肉品部位	豬排	豬扒	Pork Chop	
	豬腳	豬手	Pork Trotter	豬前肢
	豬蹄膀	豬腳	Pork Knuckle	豬後肢
	大里肌豬排／大里肌	肉眼豬扒	Pork Loin Chop	
	小里肌／腰內肉／豬里肌	豬柳	Pork Tenderloin／Pork Fillet	
	五花肉／三層肉	豬腩	Pork Belly	
	梅花肉／胛心肉	脢頭／梅頭	Pork Shoulder Butt／Pork Collar Butt	
	肝連／豬厚裙	蝴蝶腩	Pork Skirt	橫膈肌帶筋膜的肉呈現兩片，故稱「蝴蝶腩」
	豬絞肉	肉碎／免治豬肉	Minced pork	Minced 以廣東話的近似音稱免治

註：
1. 港台兩地的肉品分割方式有些許差異，故名稱不同。
2. 更多煲湯用的豬肉部位對照，請參閱前作《四季裡的港式湯水圖鑑》。

371

禽鳥類部位與蛋用詞

範圍部位	台灣用詞	香港廣東話用詞	英語	備註
禽鳥類	雞（飼養肉雞）	雞	Broiler Chicken	籠內飼養雞
	土雞、放山雞	走地雞	Free Range Chicken	自由放牧雞
	仿土雞／黑羽土雞	無	Black Feather Native Chicken	80年代台灣將本土土雞與海外雞配種而有「仿土雞」，更適合做台灣雞湯和燉煮用
	烏骨雞	竹絲雞	Silkie／Silkie Chicken	
	雞翅	雞全翼	Whole Chicken Wing	完整的雞全翼包含雞槌（上翅）、雞中翼和雞翼尖
	雞翅中段	雞中翼	Chicken Wingette	
	雞翅尖	雞翼尖	Chicken Wing Tip	
	雞翅腿，小雞腿	雞翼槌、雞錘	Drummette	
	雞全腿 大雞腿（含腿排）	大雞全髀／雞髀	Whole Chicken Leg	
	雞腿排、腿排	雞上髀	Chicken Thigh	
	雞腿、雞中腿	雞中錘、雞錘	Chicken Drumstick	
	鵪鶉	鵪鶉	Quail	
	烤鵝	燒鵝	Roasted Goose	
	烤鴨	燒鴨	Roasted Duck	
蛋	雞蛋	雞蛋	Chicken Egg	
	鴨蛋	鴨蛋	Duck Egg	
	鵝蛋	鵝蛋	Goose Egg	香港潮州滷水店較常用鵝蛋製作滷蛋
	鵪鶉蛋 鳥蛋（俗稱）	鵪鶉蛋	Quail Egg	
	鹹蛋	生鹹蛋／熟鹹蛋	Raw Salted Duck Egg／Cooked Salted Duck Egg	生鹹蛋適用於大部分港式煲湯及香港家常菜式（住家餸）
	皮蛋	皮蛋／溏心皮蛋	Century Egg／Preserved Egg	

附錄：台港英飲食名稱對照

―― 海鮮及海鮮製品用詞 ――

台灣用詞	香港廣東話用詞	英語	備註
魚卵／魚蛋	魚春	Fish Roe	
魚丸	魚蛋	Fish Balls	魚蛋在港台兩地是指不同食材
台灣無，若在香港飲食店內則沿用香港用詞	魚片／魚片頭／魚角	Fish Skin	
魚皮／炸魚皮	魚皮／炸魚皮	Fried Fish Skin	
烏鱧	生魚	Snakehead Fish	
烏魚／鯔魚	烏頭魚	Snakehead Fish	
鯇魚	草魚	Mullet	
鮭魚	三文魚	Salmon	
鮪魚	吞拿魚	Tuna	
尖吻鱸／盲鰽	盲鰽／俗寫：盲曹	Barramundi	
龍膽石斑魚	龍躉	Giant Grouper	
鰻魚／白鱔	白鱔	White Eel	
原鶴海鰻／黃鱔	門鱔／黃門鱔／	Pike Conger	
花枝	墨魚	Cuttlefish	
魷魚	魷魚	Squid	
鎖管（小卷）／透抽／軟絲	魷魚	Oval Squid／Mitre Squid／Reef Squid	
章魚	八爪魚	Octopus	
鮑魚	鮑魚	Abalone	
牛角貝／腰子貝	帶子／牛角貝	Pen Shell	牛角江珧蛤
干貝／扇貝／帆立貝	扇貝／瑤柱	Scallop	
淡菜	貽貝／藍青口	Mussel Blue Mussel	
孔雀蛤／綠唇貽貝	青口	Green-lip Mussel	
蛤蜊／蛤蠣／海蛤	蜆白蜆／沙白	Clam	
河蜆／台語：蜊仔	蜆	Asiatic Clam	
西施馬珂蛤／西施蚌	貴妃蚌	Mactra Clam	在中國大陸稱「西施舌」

註：
1. 更多煲湯用的港台海鮮名稱，請參閱前作《四季裡的港式湯水圖鑑》。
2. 在港台，「魚蛋」是指不同食材。

蔬果與根莖類用詞

台灣用詞	香港廣東話用詞	英語	備註
空心菜	通菜	Water Spinach	
菠菜	菠菜	Water Spinach	
高麗菜	椰菜	Cabbage	
花椰菜／白花菜	椰菜花	Broccolini	
青花菜／青花椰菜	西蘭花	Broccoli	
青花筍	西蘭花苗	Broconili	青花椰與芥藍菜培育的新品種
芥蘭菜	芥蘭	Chinese Broccoli	
青江菜／湯匙菜（台灣閩南語）	小棠菜	Shanghai Bok Choy	
福山萵苣／大陸A菜、大陸妹	唐生菜／生菜	Chinese Lettuce	
大白菜	旺菜 黃芽白	Napa Cabbage	黃葉大白菜
娃娃菜／娃娃白菜	娃娃菜	Baby Chinese Cabbage	小型品種的黃葉大白菜
小白菜	白菜	Bok Choy	香港小白菜品種與台灣不同，顏色比較綠
豌豆／荷蘭豆		Peultje（Dutch）／Snow Pea	薄皮豌豆莢，台灣荷治時期由荷蘭引入台灣種植，故台灣稱「荷蘭豆」
甜豆	蜜糖豆	Snap Pea	豌豆改良品種，豆莢較厚且甜脆
青豆	豌豆仁	Green Peas	
豌豆苗	豆苗	Pea Shoots	
豌豆苗尖	豆胚（俗寫：豆杯）	Pea Shoots	
四季豆	豆角	Green Bean	
綠豆	綠豆	Mung Beans	
雪蓮子／鷹嘴豆	鷹嘴豆	Chickpeas	
黑眼豆／眉豆	眉豆	Black-eyed Peas	
馬鈴薯／洋芋	薯仔	Potato	中國北方稱土豆、南方稱洋芋，因人口流動的關係，在中國仍普遍稱土豆。香港稱薯仔、台灣稱馬鈴薯，新加坡馬來西亞常用簡體漢字，稱爲马铃薯
地瓜／番薯	番薯	Sweet Potato	在中國大陸普遍稱紅薯
豆薯／涼薯	沙葛	Jicama／Yam Bean	
大黃瓜	黃瓜、大青瓜	Cucumber	

附錄：台港英飲食名稱對照

老黃瓜	老黃瓜	Old Cucumber	全熟外表乾裂且內部微酸的大黃瓜，台灣較少食用，近年來因市場需求開始販售
小黃瓜	青花	Cucumber	
冬瓜	冬瓜	Wax Gourd／Chinese Winter Melon	
西瓜	西瓜	Watermelon	
南瓜／金瓜（台灣台語）	南瓜	Pumpkin	
北瓜、魚翅瓜	魚翅瓜	Figleaf Gourd／Shark Fin Melon	
苦瓜	涼瓜	Bitter Melon	
白苦瓜	台灣白苦瓜	White Bitter Melon／Taiwanese Bitter Melon	
廣東青苦瓜	油涼瓜（廣東特有）	Cantonese Smooth Bitter Melon	
杜杭苦瓜	雷公鑿苦瓜（廣東特有）	Tuyuan Bitter Melon	
山苦瓜	沖繩苦瓜	Okinawan Bitter Melon	
番茄	蕃茄、番茄	Tomato	香港及新馬有時將「番茄」寫作「蕃茄」；中國大陸普遍稱為「西紅柿」。
薑	薑	Ginger	
南薑／高良薑	南薑	Galangal／Thai Ginger	潮州滷味香料裡也可見到南薑元素
山奈	沙薑	Kaempferia Galangal Sand Ginger	
薑黃	黃薑	Turmeric	

375

台灣胃看香港餐桌

香菇	台灣冬菇	Shiitake Mushroom	菇傘比較薄的香菇，多數指台灣香菇
厚菇／冬菇	冬菇	Thick Shiitake Mushroom	無裂痕且較為厚身的香菇
北菇／花菇	花菇	Donko Shiitake／Dried Donko Shiitake	較厚身的冬菇，曬乾後會出現爆裂紋，台灣稱「花菇」
白蘑菇、洋菇	白蘑菇	Button Mushroom／White Mushroom	
棕蘑菇	啡蘑菇	Cremini Mushroom／Brown Mushroom	
波特菇	燒烤菇	Portobello Mushroom	
舞菇	蠔菇	Oyster Mushroom	
杏鮑菇	直菇	King Oyster Mushroom	
柳松菇、柳松茸	茶樹菇	Yanagi Matsutake	
松茸	松茸	Matsutake	
秀珍菇	秀珍菇	Phoenix Oyster Mushroom	
金針菇	金菇、金菇菜	Enoki Mushroom	
鴻禧菇	蟹味菇	Beech Mushroom	
雪白菇／白鴻禧菇	雪白菇／蟹味菇	White Beech Mushroom	味道比鴻禧菇淡

附錄：台港英飲食名稱對照

──醬料、油品、香料、調味品、乳製品用詞──

台灣用詞	香港廣東話用詞	英語	備註
醬油	豉油	Soy Sauce	
白醬油	生抽	Light Soy Sauce	
濃醬油／老抽	老抽	Dark Soy Sauce	
伍斯特醬	喼汁	Worcestershire Sauce	
醬油膏	台灣醬油膏	Taiwanese Thick Soy Sauce	
蠔油	蠔油	Oyster Sauce	
番茄醬	茄汁	Ketchup	
番茄糊	番茄蓉	Tomato Purée	
番茄膏	茄膏	Tomato Paste	
黑芝麻油	黑芝麻油	Black Sesame Oil	
香油、芝麻香油			
鹹豆腐乳	腐乳	Fermented Tofu	
南乳、紅麴、腐乳	南乳	Red Fermented Tofu	
蔭豉、豆豉	豆豉	Fermented Black Beans	
美乃滋	蛋黃醬	Mayonnaise	
白胡椒	白胡椒	White Pepper	
黑胡椒	黑椒	Black Pepper	
胡椒鹽	椒鹽	Pepper Salt	胡椒粉混合鹽的調味料
五香鹽	淮鹽	Five-Spice Pepper Salt	與中式香料炒過的胡椒鹽

──雜糧類、豆類、澱粉類、米、麵用詞──

台灣用詞	香港廣東話用詞	英語	備註
在來米／秈米	粘米	Indica Rice	印度秈稻，米粒細長且黏度較低
蓬萊米／粳米	日本珍珠米	Japonica Rice	日本粳稻，米粒短圓且帶有些許黏性
糯米	糯米	Glutinous Rice	分為圓糯米與尖作米，黏度最高
在來米粉	粘米粉	Indica Rce Flour	製作蘿蔔糕的材料
米粉	米粉	Rice Vermicelli	米製麵食，台灣新竹製作尤為馳名，在海外有不少人誤會「新竹米粉」是料理名稱
玉米粉	粟粉	Cornstarch	
太白粉	生粉	Tapioca Starch	
木薯粉	木薯粉	Cassava Starch	
冬粉	粉絲	Cellophane Noodles Glass Boodle	韓國稱唐麵（당면），日本稱春雨（はるさめ）
米粉	米粉	Vermicelli	
白麵條	上海麵	Wheat Noodles	
油麵	油麵	Alkaline Noodles	
鹼水麵	鹼水麵	Cantonese Alkaline Noodles	
泡麵	公仔麵	Instant Noodle	即食麵

──台港日常餐飲用詞──

台灣用詞	香港粵語用詞	英語	備註
菜市場	街市	Wet Market	指傳統的菜市場
家常菜	住家餸	Home-style Dishes	
小菜	餸	Side Dishes	當成名詞使用,指「菜式」
配飯（吃）	餸飯（食）	This dish is perfect for rice.	當成形容詞使用,指這道菜可以用來配飯吃
好下飯	好餸飯	This dish makes you want to eat more rice.	當成動詞使用,指這款菜式的風味和飯是絕配,能讓人因此吃很多飯
小菜	小食	Snacks	單點小菜在香港菜單裡稱為「小食」
小吃	街邊小食	Street Foods	特別是指街頭小吃
油條	油炸鬼	Chinese Cruller	
麻糬	糯米糍	Mochi	
沙拉	沙律	Salad	中國大陸稱「色拉」
甜湯	糖水	Dessert Soup	帶湯的中式甜品
甜點	甜品	Dessert	
火鍋	打甌爐／打邊爐	Hot Pot	
燙青菜	白灼菜	Blanched Vegetables	以湯水汆燙蔬菜
油水燙青菜	油菜／白灼油菜	Oil-water Blanched Vegetables	在湯水內加入少量油,再汆燙蔬菜
水煮蛋	烚蛋	Boiled egg	雞蛋帶殼放入水裡煮熟
溏心蛋	溏心蛋	Soft-boiled egg	
太陽蛋	太陽蛋	Sunny-side up Egg	單面煎蛋
全熟煎蛋	煎熟蛋	Over-hard Egg	雙面煎蛋且全熟
半熟雙面煎蛋	煎反蛋	Over-easy Egg	雙面煎,但是蛋黃保持生的狀態
炒蛋	炒蛋	Scrambled Eggs	
吐司	方包／麵包	Bread	未烘烤過的麵包叫做 Bread
烤土司／烘烤吐司	多士	Toast	經烘烤（Toasting）過的麵包稱 Toast,但在台灣無論有無烘烤都稱吐司

附錄：台港英飲食名稱對照

奶茶	奶茶	Milk Tea	
煉乳奶茶	茶走	Milk Tea with Condensed Milk	奶茶加煉乳，在香港茶餐廳會供應，但只有熱飲喔！
黑咖啡	齋啡	Black Coffee	不加奶或糖的黑咖啡，或指用其他方法煮出的黑咖啡
美式咖啡	美式咖啡	Americnao	特別指濃縮咖啡加水稀釋後，且不加糖、奶的美式黑咖啡
拿鐵咖啡	鮮奶咖啡	Caffè Latte	Latte 指鮮奶
抹茶拿鐵	抹茶鮮奶	Matcha Latte	
短笛拿鐵咖啡	短笛鮮奶咖啡	Piccolo Latte	
馥芮白／平白咖啡	白咖啡／澳白咖啡	Flat White	蒸氣牛奶倒入濃縮咖啡後再蓋上一層 5 公厘以下的細緻奶泡，只有熱飲，濃縮咖啡的比例比拿鐵咖啡高，因此咖啡風味較為鮮明
卡布奇諾	泡沫咖啡	Cappuccino	
西西里咖啡	檸啡	Lemon Coffee	加入黃檸檬的咖啡
檸檬茶	檸茶	Lemon Tea	加入黃檸檬片的紅茶
冰檸檬茶	凍檸茶	Iced Lemon Tea	
通寧咖啡	湯力咖啡	Tonic Coffee	
杏仁茶	杏霜（甜）	Apricot Kernel Drink	將南北杏研磨成杏仁粉，加水沖泡成飲品
無糖杏仁茶	杏汁（無甜）	Apricot Kernel Milk	將南北杏浸泡後加水研磨，並且去掉渣的杏仁汁，可煲湯及製作杏仁豆腐
冰沙	沙冰、Slush	Slush	港台兩地的「沙冰」、「冰沙」的稱呼剛好相反
霜淇淋	軟雪糕	Soft Ice Cream	
冰淇淋	雪糕	Ice Cream	
聖代	新地	Sundae	

379

台灣胃看香港餐桌
五感體驗異鄉食，
藏於飲饌踏查裡的思與念

作　　者	包周 Bow.Chou
攝　　影	包周 Bow.Chou（少數照片除外）
插　　畫	李信慧 SingLee
全書設計	謝捲子 @ 誠美作
封面字型	陳敬倫 K Sir
責任編輯	蕭歆儀

總 編 輯	林麗文
副總編輯	賴秉薇、蕭歆儀
主　　編	高佩琳、林宥彤
執行編輯	林靜莉
行銷總監	祝子慧
行銷企劃	林彥伶

出　　版	幸福文化出版社／遠足文化事業股份有限公司
地　　址	231 新北市新店區民權路 108-1 號 8 樓
電　　話	（02）2218-1417
傳　　真	（02）2218-8057

發　　行	遠足文化事業股份有限公司（讀書共和國出版集團）
地　　址	231 新北市新店區民權路 108 之 2 號 9 樓
電　　話	（02）2218-1417
傳　　真	（02）2218-1142
客服信箱	service@bookrep.com.tw
客服電話	0800-221-029
郵撥帳號	19504465
網　　址	www.bookrep.com.tw

法律顧問	華洋法律事務所 蘇文生律師
印　　製	凱林彩印股份有限公司

出版日期	西元 2025 年 3 月初版一刷
定　　價	560 元
書　　號	1KSA0031
ISBN	9786267532959
ISBN	9786267680025（PDF）
ISBN	9786267680032（EPUB）

國家圖書館出版品預行編目（CIP）資料

台灣胃看香港餐桌：五感體驗異鄉食，藏於飲饌踏查裡的思與念 / 包周著. -- 初版. -- 新北市：幸福文化出版社出版：遠足文化事業股份有限公司發行，2025.03
　　面；　公分
ISBN 978-626-7532-95-9（平裝）

1.CST: 飲食風俗 2.CST: 香港特別行政區
538.782　　114000855

著作權所有‧侵害必究 All rights reserved
★特別聲明：有關本書中的言論內容，不代表本公司 / 出版集團的立場及意見，文責由作者自行承擔。